ROMEO Y JULIETA

ROMEO Y JULIETA

Traducción en verso de
ALBERTO MANENT

Prólogo de
CARLOS SOLDEVILA

Ilustraciones de
L. GOÑI Y J. AZPELICUETA

EDITORIAL JUVENTUD, S. A.

PROVENZA, 101 - BARCELONA

*Intercaladas entre las ilustraciones a la pluma de Lorenzo Goñi figu-
ran siete ilustraciones, en las páginas, 15, 51, 56, 87, 116, 127 y 151,
realizadas por Jaime Azpelicueta.*

Colección "LIBROS DE BOLSILLO Z"
© de la traducción española:
   Editorial Juventud, S.A.
   Provença, 101- 08029 Barcelona
Telf. (34) 93 444 18 00 Fax (34) 93 439 83 83
E-mail: Juventud@bcn.servicom.es
www.edjuventud.com
Traducción de Albert Manent
Quinta edición, 1999
Depósito legal: B.23.104 -1999
ISBN 84-261-0803-2
Núm de edición de E.J.: 9.686
Impreso en España - Printed in Spain
Carvigraf - c/. Cot, 31 - 08291 Ripollet (Barcelona)

INTRODUCCIÓN

La segunda tragedia compuesta por ese genio que, apartando dudas e hipótesis, solemos designar con el nombre de Guillermo Shakespeare, es *Romeo y Julieta*. La primera, *Titus Andronicus,* hace poco representada en París, sacándola así del completo olvido en que yacía, certifica la fuerza del autor, pero resulta, no hay duda, demasiado exclusivamente horrorosa. En el trágico idilio de Julieta y Romeo, los dos jovencísimos veroneses, Shakespeare, sea por obra de la experiencia, sea porque el tema se lo impuso, buscó un contrapunto al horror y lo encontró en el amor.

No deja de prestarse a las reflexiones el hecho de que para dar la medida de la pasión entre hombre y mujer, fijase edad tan temprana como la de los catorce años de ella y los dieciocho de él. Bien es verdad que el gran hombre de teatro no sintió jamás el prurito de la completa originalidad en materia de argumentos y los recogió siempre de donde bien le pareció —novela, historia, poema—. Esta tragedia entre un joven de la familia Montesco y una muchacha de la familia Capuleto, ambas separadas por una enemistad vehemente como sólo parece haberla podido engendrar y preparar el Renacimiento italiano, la conoció Shakespeare a través de Mateo Bandello, novelista del siglo xv, pero el hecho real o legendario de estos amores contrariados que, por ímpetu y ceguera de los amantes, terminan con la muerte de ambos, tiene muchos otros precedentes en la propia literatura italiana y alguno también en la antigüedad griega.

Cabe preguntarse si la pasión amorosa logra en ellos un absolutismo que los predestina a la tragedia con mucho más poder que la plena adultez. Lo cierto es que en *Romeo y Julieta* aparece más que en otros amores y otras parejas elevadas a una especie de inmortalidad, paradójicamente por su inflexible vocación a la muerte: Tristán e Isolda, los amantes de Teruel, Hero y Leandro, etc. El hecho de que uno muera y el otro quede con vida (el *Werther* de Gœthe, pongamos por caso) quita a la tragedia su esencial resorte, la transforma en un drama tan deprimente y tan conmovedor como se quiera, pero genuinamente burgués, reñido con lo absoluto.

También es útil, para medir más finamente las ambiciones de Shakespeare al construir su tragedia en que tan intensamente asoma la poesía idílica y que ha quedado como ejemplo tópico de pasión amorosa, compararlo con otra de sus obras que se desarrolla entre personas adultas y en medio de una gran intriga político-militar; me refiero a *Antonio y Cleopatra,* cuya doble inmolación no acusa con plena pureza el móvil amoroso. La voluntad de la reina de Egipto al acercar el áspid a su pecho podría, si se tratase de mujer menos intrigante y viciosa, imaginarse más clara que la del triunviro romano que se suicidó porque se vio vencido militar y políticamente, no sin haber probado con tesón harto significativo su voluntad de sobrevivir. Tragedia, pues, de ambiciones por ambas partes en que el amor tiene poca o ninguna responsabilidad.

En *Romeo y Julieta,* el gran poeta que hubo siempre

en Shakespeare derrama su poderoso lirismo en varios episodios, pero sobre todo en la escena del balcón, ese balcón legendario que en la realidad no es muy grande ni nada aparatoso, que se adelanta sobre un patio cerrado y casi exiguo en el centro de la Verona contemporánea y que tal vez en la época de Julieta estaba por lo menos cercano a algún jardín o algún campo y no, como hoy, oprimido por casas de vecindad y establecimientos comerciales, de modo que sólo el gran recuerdo del dúo inmortal de los amantes nos torna posible concebir que allí se discutiera sobre si el canto que han oído es el del ruiseñor que estremece la noche protectriz o si es el de la alondra que se eleva al cielo al encuentro de la aurora y pone fin al abrazo de los amantes.

Como quiera que sea —y no es menuda gloria—, la ciudad de Verona, a orillas del Adigio, se titula hoy día, turísticamente, «la ciudad de Giuletta», y no sólo su casa, sino su tumba en las afueras es objeto de un visiteo que tiene algo oculto. De donde se deduce que haber sido, o creer y dar a creer que se es patria de una tierna adolescente que por cumplir un juramento de amor se fingió muerta y que, al ver que tal ficción había sido causa de desesperación para su amante, no quiso en modo alguno sobrevivirle, tiene en nuestra época, que se considera tan desprendida del Romanticismo, un valor no despreciable.

Si el número de ediciones que en el dominio anglosajón se han realizado de las obras de Shakespeare es literalmente enorme, como lo es calculado en millones de libras esterlinas la cantidad de dinero que ha puesto en movimiento y de las personas que han vivido de imprimir, corregir y comentar, distribuir y vender dichas obras, también es considerable el número de traducciones que se han llevado a cabo en los países latinos, por mucho tiempo reacios a saborear y admirar el genio del autor de *Hamlet,* de *Macbeth* y de *Romeo y Julieta.* Se le tenía por bárbaro, escandalizaba su violencia y la crudeza de su vocabulario. Y, lo que son las cosas, fue hombre tan impregnado de finura y agudeza grecolatinas, tan francés, como Arouet de Voltaire, uno de los que laboró más ardidamente en el siglo XVIII para abrirle paso en la Europa meridional.

En España, tardía también en el reconocimiento de este que cierto profesor denominó hace pocos años «genio de costumbres abyectas», las traducciones completas de sus comedias y tragedias no aparecen hasta bien entrado el siglo XIX. Recuerdo que quien escribe este prólogo las leyó por primera vez en traducciones que hizo por encargo de un editor barcelonés el gran polígrafo don Marcelino Menéndez y Pelayo, el mismo que produjo *Horacio en España* precedido de una larga oda de su cosecha. Los alemanes, con Gœthe a la cabeza, anduvieron más diligentes en captar los resplandores de la gran hoguera shakespeariana que desde el Romanticismo para acá arde en la cumbre del Parnaso universal.

A las a menudo admirables traducciones que realizó el poeta catalán Morera y Galicia cabe añadir sin reticencia ni reserva alguna la que ofrecemos a continuación del joven poeta Alberto Manent, aventajadamente conocido por hazañas líricas de inspiración enteramente moderna y que no hacían presagiar tanta habilidad en el traslado de la famosa comedia de los amantes de Verona, aunque sí la seguridad de su talento y el sentido de los idiomas, tanto del que traduce como del a que traduce, que no existe obra perfecta ni siquiera buena sin la concurrencia de ambos conocimientos bien iluminados por el misterioso don de la poesía. No concluyamos sin anotar que Alberto es hijo de quien, veterano en estas lides, ha puesto tantas obras inglesas al alcance del lector español con maestría insuperada. Vemos así asegurada una continuidad, pero no deseamos en manera alguna asistir tan pronto a un relevo, sino más bien a un reparto de la inmensa labor que resta por hacer en la tarea de darnos cómodo y fértil acceso al mundo literario anglosajón.

CARLOS SOLDEVILA

LA TRAGEDIA DE ROMEO Y JULIETA

DRAMATIS PERSONAE

ESCALO, Príncipe de Verona.

PARIS, joven noble y pariente del Príncipe.

MONTESCO
CAPULETO } Jefes de las dos casas reñidas a muerte.

UN ANCIANO de la familia de los Capuletos.

ROMEO, hijo de Montesco.

MERCUCIO, emparentado con el Príncipe y amigo de Romeo.

BENVOLIO, sobrino de Montesco y amigo de Romeo.

TEOBALDO, sobrino de Lady Capuleto.

FRAY LORENZO, Franciscano.

FRAY JUAN, de la misma Orden.

BALTASAR, criado de Romeo.

SANSÓN
GREGORIO } Criados de Capuleto.

PEDRO, criado de la Nodriza de Julieta.

ABRAHÁN, criado de Montesco.

UN BOTICARIO.

TRES MÚSICOS.

El Paje de Paris.

Otro Paje.

Un Jefe de Ronda.

Lady Montesco, esposa de Montesco.

Lady Capuleto, esposa de Capuleto.

Julieta, hija de Capuleto.

La Nodriza de Julieta.

Ciudadanos de Verona; deudos de ambas casas; Enmascarados, Guardias, Alguaciles y acompañamiento. Coro.

ESCENA: Verona; Mantua

.

PRÓLOGO

Coro.　　Dos familias iguales en alcurnia,
en Verona, lugar de nuestra escena,
mueven nuevas discordias por antiguos
agravios, y la sangre ciudadana
manchan las manos de los fratricidas.
En la entraña fatal de esos contrarios,
un par de enamorados toman vida
y bajo estrellas impropicias nacen.
Su desgraciado fin, tan lastimoso,
sepulta las discordias de sus padres.
Ese temible amor, señal de muerte,
y el odio que alimentan sus mayores,

que sólo aplaca el fin de sus dos hijos,
llenarán por dos horas nuestra escena.
Si lo escucháis con el oído atento,
procuraremos enmendar las faltas.

ACTO PRIMERO

ESCENA PRIMERA

Verona. Una plaza pública.

Entran Sansón *y* Gregorio, *de la casa de Capuleto,*
armados con espadas y broqueles

Sansón. — Palabra, Gregorio: no soportaremos más la carga.

Gregorio. — No, porque entonces nos comportaríamos como acémilas.

Sansón. — Quiero decir que, si nos enojan, la desenvainaremos.

Gregorio. — Sí; mientras vivas, procura sacar el cuello del horcajo.

Sansón. — Fácilmente me muevo si me hurgan.

Gregorio. — Pero es difícil obligarte a que te muevas.

15

SANSÓN. — Me excita un perro de la casa de Montesco.

GREGORIO. — Moverse es ir de un sitio a otro, y ser valiente significa esperar a pie firme; por tanto, si te mueves es que huyes.

SANSÓN. — Un perro de aquella casa me moverá a estar firme. Me arrimaré a la pared en cuanto pase un criado o una doncella de los Montescos.

GREGORIO. — Así demuestras que eres un débil esclavo, puesto que los más débiles se arriman a la pared.

SANSÓN. — Es verdad, y por eso las mujeres siempre son arrinconadas como vasos quebradizos; echaré de la pared a los criados de los Montescos y arrimaré a ella a sus doncellas.

GREGORIO. — La lucha está entre nuestros amos y nosotros, sus siervos.

SANSÓN. — Lo mismo da; me volveré un tirano. Después de luchar con los hombres, seré cruel con las doncellas: cortaré sus cabezas.

GREGORIO. — ¿La cabeza de las doncellas?

SANSÓN. — Sí, la cabeza de las doncellas, o su virginidad. ¡Tómalo como quieras!

GREGORIO. — Ellas deberán tomarlo tal como lo sientan.

SANSÓN. — Y notarán mi presencia mientras pueda tenerme en pie; y es sabido que soy un hermoso pedazo de carne.

GREGORIO. — Es mejor que no seas pescado; si lo fueses, te tocaría ser un pobre Juan (1). ¡Saca tu herramienta, que ahí llegan dos de la casa ae los Montescos!

Entran otros dos criados: ABRAHÁN *y* BALTASAR

---

(1) Expresión difícilmente traducible. «Pobre Juan» equivale, más o menos, a «pobre merluzo».

SANSÓN. — ¡Ya he desnudado mi arma! ¡Pelea, yo te cubriré!

GREGORIO.— ¿Cómo? ¿Volviéndote y poniendo pies en polvorosa?

SANSÓN. — No temas de mí.

GREGORIO. — No, ¡cáspita! ¡Temerte yo!

SANSÓN. — Que la ley esté de nuestra parte. Dejemos que empiecen ellos.

GREGORIO. — Frunciré el entrecejo al pasar, y que lo tomen como quieran.

SANSÓN. — No, como se atrevan. Me morderé el pulgar, mirándolos, lo cual, si lo soportan, es una afrenta (1).

ABRAHÁN. — ¿Os mordéis el pulgar por nosotros, señor?

SANSÓN. *(Aparte, a* GREGORIO.) — Si le digo que sí, ¿está la ley de nuestra parte?

GREGORIO. *(Aparte, a* SANSÓN.) — No.

SANSÓN. — No, señor, no me muerdo el pulgar por vosotros; pero me muerdo el pulgar, señor.

GREGORIO. — ¿Buscáis pendencia, señor?

ABRAHÁN. — ¿Pendencia, caballero? No, señor.

SANSÓN. — Pero si os place, señor, estoy a vuestras órdenes. Sirvo a un amo tan bueno como el vuestro.

ABRAHÁN. — ¿Pero no mejor?

SANSÓN. — Es bueno, señor.

Entra BENVOLIO

GREGORIO. *(Aparte, a* SANSÓN.) — Di «mejor», que ahí llega un pariente de mi amo.

SANSÓN. — Sí, es mejor mi amo, caballero.

---

(1) En la Italia de entonces, morderse el pulgar era un gesto insultante.

ABRAHÁN. — ¡Mentís!

SANSÓN. — ¡Desenvainad si sois hombres! ¡Gregorio, acuér-
date de tu estocada maestra! *(Pelean.)*

BENVOLIO. — ¡Necios, separaos! *(A golpes hace bajar sus
espadas.)* No sabéis lo que hacéis. ¡Envainad, digo!

Entra TEOBALDO

TEOBALDO.	¿Entre ciervas cobardes desenvainas?
	Benvolio, mira atrás: verás tu muerte.
BENVOLIO.	Yo quiero mantener la paz; enváinala,
	o ayúdame con ella a separarlos.
TEOBALDO.	¡Y cómo hablar de paz con el acero
	desnudo! Esa palabra he odiado siempre,
	igual que a ti, al infierno, a los Montescos.
	¡En guardia, cobarde! *(Pelean.)*

*Entran un oficial y tres o cuatro
ciudadanos con cachiporras o partesanas.*

OFICIAL.	¡Garrotes, picas, partesanas! ¡Lucha!
	¡Abatidlos! ¡Y abajo los Montescos!
	¡Y que también los Capuletos mueran!

Entran el viejo CAPULETO, *en bata,
y su esposa*

CAPULETO.	¿Ese ruido qué es? ¡Venga mi acero!
LADY CAP.	¿Por qué pedís la espada? ¡Una muleta!
CAPULETO.	¡Mi acero, digo! Que, desafiándome,
	llega el viejo Montesco con su espada.

Entran el viejo MONTESCO *y su esposa*

18

MONTESCO. ¡Pero eres tú, villano Capuleto!
         ¡Ah, no me detengáis! ¡Debéis soltarme!
LADY MONT. ¡Ni un paso deis en busca del contrario!

Entra el PRÍNCIPE ESCALO *con su séquito*

PRÍNCIPE. Rebelde gente que la paz perturba,
           la sangre del vecino vuestro acero
           ha profanado. ¿No me oís? ¡Vosotros,
           hombres o bestias que apagáis el fuego
           del odio y del rencor más insensatos
           con las purpúreas fuentes de las venas!
           Arrojad, bajo pena de tortura,
           de esas manos sangrientas los aceros
           ya destemplados, y escuchad al Príncipe,
           que dará conmovido su sentencia.
           Son ya tres las reyertas intestinas
           movidas por palabras baladíes.
           Vosotros dos, Montesco y Capuleto,
           que la quietud turbasteis por tres veces
           en nuestras calles, y los ciudadanos
           antiguos de Verona se quitaron
           sus graves y dispuestos atavíos
           para blandir las viejas partesanas
           en sus manos, tan viejas como aquéllas (1),
           y con las armas, que en la paz se oxidan,
           reprimieron el odio que os socava.
           Si alborotáis de nuevo nuestras calles,

_____

(1) Significa que los habitantes de Verona, tradicionalmente pacíficos, bien ataviados y que hacían uso de un bastón o báculo, tuvieron que aligerar su ropa para estar más prestos a blandir la espada, la cual ya no abandonaban desde que había en la ciudad tantas pendencias.

pagaréis con la vida la paz rota.
Por esta vez, que los demás se alejen;
pero vos, Capuleto, iréis conmigo;
en cuanto a vos, Montesco, por la tarde
iréis, para saber qué habré dictado,
a la antigua ciudad de Villafranca,
que es donde administramos la justicia.
Pena de muerte a aquel que aquí quedare.

(*Salen todos, menos* MONTESCO, *su esposa*
y BENVOLIO.)

MONTESCO.   ¿Quién la antigua discordia ha renovado?
              Sobrino, ¿al empezar fuisteis presente?
BENVOLIO.   Antes que yo llegara aquí, se hallaban
              luchando cuerpo a cuerpo los criados
              fieles al adversario con los nuestros.
              Desenvainé intentando separarlos,
              pero en aquel instante vi al fogoso
              Teobaldo blandiendo el nudo acero.
              Mientras desafiaba a mis oídos,
              alzó la espada sobre la cabeza
              cortando el viento, pero el viento, ileso,
              respondía silbando en son de burla.
              Y en tanto dimos tajos y estocadas,
              más gente se agolpaba, en ambas partes
              luchando, hasta que el Príncipe dio el alto.
LADY MONT.   ¡Oh! ¿Dónde está Romeo? ¿Quién le ha visto?
              Me ha alegrado no verlo en la pendencia.
BENVOLIO.   Al alba, antes que el sol glorificado,
              señora, aparéciese en la ventana
              dorada del Oriente, hacia extramuros

me encaminó mi espíritu intranquilo.
Y allí, en el bosque aquel de los sicómoros
que se levantan en la parte oeste
de la ciudad, en hora tan temprana
vi como paseaba vuestro hijo;
y fui hacia él, pero al reconocerme
se guareció en la fronda más espesa.
Medí sus inquietudes por las mías,
(que cuando estamos solos más acucian),
y al fin, cansado de mi propio hastío,
preferí mi capricho, y, sin hablarle,
con gusto me alejé de quien me huía.

MONTESCO. Otras mañanas por allí lo vieron,
haciendo que el rocío de la aurora
aumentase al mezclarse con sus lágrimas;
añadiendo más nubes a las nubes
con sus hondos suspiros; sin embargo,
tan pronto como el sol vivificante
a Aurora aparta, en el remoto Oriente,
las umbrosas cortinas de su lecho,
huyendo de la luz a casa vuelve
mi triste hijo, y en lo más profundo
de sus habitaciones se retira.
Cerrando todas las ventanas, echa
llave a la hermosa claridad del día
y en una noche artificial se hunde.
Será fatal, terrible, ese talante
si no quita la causa un buen consejo.

BENVOLIO. ¿Vos conocéis la causa, noble tío?

MONTESCO. Yo no la sé y por él no puedo hallarla.

BENVOLIO. ¿Le sondeasteis por algunos medios?

MONTESCO. Así lo hicimos ya con los amigos,

mas él de sus afectos es el único
consejero; y es para sus adentros
no diré muy leal, pero, en lo íntimo,
muy cerrado y secreto, y no es posible
ninguna indagación, ningún sondeo.
Se parece al capullo que el gusano
envidioso ha roído antes que pueda
sus dulces hojas desplegar al aire
o cautivar al sol con su hermosura.
Mas si el por qué de su pesar supiéramos,
con tino le hallaríamos remedio.

Entra ROMEO

BENVOLIO.   Ya se acerca. Miradle. Os pido ahora
que os alejéis. Por fin sabré la causa
de su pesar, a menos que se obstine.

MONTESCO.   Suerte, sobrino, y que podáis sacarle
la sincera verdad. Venid, señora.

(Se marchan MONTESCO *y su esposa.)*

BENVOLIO.   Muy buenos días, primo.

ROMEO.   ¿Ya es tan pronto?

BENVOLIO.   Las nueve apenas son.

ROMEO.   ¡Qué infortunado!
Las horas tristes me parecen largas.
Aquel que se alejaba, ¿era mi padre?

BENVOLIO.   Sí, era el mismo. Mas ¿qué pesadumbre
hace largas las horas de Romeo?

ROMEO.   No poseer aquello que, obtenido,
acorta el tiempo que el pesar prolonga.

BENVOLIO.	¿En amor?
ROMEO.	Desposeído...
BENVOLIO.	¿De amor?
ROMEO.	De los favores de la que yo quiero.
BENVOLIO.	¡Ay, que el amor, gentil en apariencia, en la prueba es tiránico y es áspero!
ROMEO.	¿Por qué el Amor, privado de la vista, hallará, sin ayuda de los ojos, para la voluntad francos caminos? ¿Dónde comemos hoy? Pero, ¡Dios mío! ¿Qué clase de reyerta aquí se ha armado? Ya todo lo escuché. No me lo cuentes. Aquí el amor más guerra da que el odio. ¡Oh, sí! ¡Y es el amor quien alborota! ¡Oh el amoroso odio! ¡Gran compendio de la nada surgido en un principio! ¡Pesada liviandad, vanidad grave! ¡Informe caos de agradables formas! ¡Pluma de plomo y humo que relumbra! ¡Enfermiza salud y fuego helado! ¡Sueño en vigilia, mas sin ser él mismo! Tal es todo el amor que siento ahora, y sin sentir en él amor alguno. ¿No te ríes?
BENVOLIO.	No, primo, más bien lloro.
ROMEO.	Buen corazón, ¿de qué?
BENVOLIO.	De la congoja que al tuyo, que es tan bueno, apesadumbra.
ROMEO.	¿Y qué? Son faltas que el amor comete. Mis propias penas pesan en mi pecho y tú las acrecientas con las tuyas. La estimación que tú me has demostrado

añade más tristeza a mis tristezas.
Amor es como un humo que se forma
con el aliento fiel de los suspiros.
Si se le vivifica, es como un fuego
que en los ojos amantes resplandece.
Humillado, semeja un mar crecido
con el llanto de los enamorados.
¿Y qué más? Es cuerdísima locura,
hiel que oprime, dulzor que reconforta.
Adiós, primo.

BENVOLIO.   ¡Despacio! Te acompaño.
Me enfadaré si quieres irte solo.

ROMEO.   ¡Basta! No estoy aquí, yo me he perdido
a mí mismo, porque éste no es Romeo;
él está en otro sitio, de seguro.

BENVOLIO.   En serio: dime el nombre de tu amada.

ROMEO   Y ¡cómo! ¿He de decirlo entre sollozos?

BENVOLIO.   Entre sollozos, no; pero sí en serio.

ROMEO.   A uno que está enfermo, si le pides
que seriamente dicte el testamento,
¡qué mal le sonaría esta palabra!
En serio, primo: a una mujer yo amo.

BENVOLIO.   Di muy cerca del blanco al suponerlo.

ROMEO.   ¡Buen tirador! Y es, además, hermosa.

BENVOLIO.   Un tirador apuesto y bien seguro
muy pronto da en el blanco, gentil primo.

ROMEO.   Pues esta vez erraste: la muchacha
sortea la saeta de Cupido
y de Diana tiene el claro ingenio,
y con su fuerte castidad va armada.
Vive siempre alejada del peligro
del arco del amor, pueril y débil.

Rehúsa el cerco del decir galante
y el encuentro con ojos atrevidos.
Y en su regazo nunca ha dado albergue
al oro que sedujo hasta a los santos.
Ella es rica en belleza, pero luego
será pobre al morir, porque con esa
belleza enterrará todo el tesoro.

BENVOLIO. ¿Juró que ha de ser casta para siempre?

ROMEO. Juró. Y esta abstención es una pérdida,
pues en un cerco austero su hermosura
queda marchita en flor para el futuro.
Es demasiado hermosa y jüiciosa (1),
discretamente bella es en exceso
para que pueda merecer ventura
a cambio de que yo me desespere.
Del amor ha abjurado, y este voto
me permite vivir (aunque estoy muerto),
para que ahora así yo te lo cuente.

BENVOLIO. Hazme caso y no pienses más en ella.

ROMEO. Y dime: ¿qué he de hacer para olvidarla?

BENVOLIO. Da libertad, primero, a tus dos ojos.
Contempla otras bellezas.

ROMEO. Es la forma
de recordarla más, ¡tan exquisita!
Esas felices máscaras que besan
las frentes de las damas más hermosas,
a pesar de ser negras nos recuerdan
que tras ellas esconden la hermosura.
No puede, quien de pronto queda ciego,

---

(1) A menudo hemos evitado el exceso de sinalefas, normales en el verso castellano. Así, para nosotros, «Teobaldo» tiene cuatro sílabas, y «ahora», tres. (N. del T.)

olvidar, preciadísimo tesoro,
ese don de la vista que ha perdido.
Dama que exceda a su hermosura muéstrame:
su belleza ¿de que me serviría
sino como un escrito donde lea
que hay otra más cumplida en su hermosura?
¡Adiós, no puedes enseñarme olvido!

BENVOLIO.   De mí recibirás esta doctrina;
de lo contrario, he de morir en deuda.

ESCENA II

Una calle

Entran CAPULETO, *el conde* PARIS
y el payaso, su criado

CAPULETO. Pero Montesco, como yo, se obliga
bajo la misma pena, y no es muy duro
que guardemos la paz, pues somos viejos.

PARIS. Ambos tenéis reputación honrosa
y da lástima ver que hayáis vivido
en continua discordia tanto tiempo.
Pero, ¿qué respondéis a mi demanda?

CAPULETO. Sólo os repito lo que dije antes:

en el mundo mi hija es una extraña
aún, pues no cumplió ni los catorce.
Que pase el esplendor de dos veranos
y ya estará en sazón para casarse.

PARIS. Las hay más niñas, madres ya dichosas.

CAPULETO. Y casadas tan pronto, se marchitan.
Todas mis esperanzas, menos ella,
se ha llevado la tierra, y es la dama,
esperanzada aún, de mis dominios.
Ganad su corazón, mi gentil Paris.
Mi voluntad es solamente parte
de su consentimiento, y, si os acepta,
a su elección daré mi beneplácito.
Por tradición celebraré esta noche
una fiesta de antaño, a la que invito
fieles amigos entre los que aprecio.
Vos de modo especial sed bienvenido,
y daréis más honor a mi concurso.
Aprestaos esta noche a ver estrellas
que darán su fulgor al cielo oscuro,
hollando el suelo de mi humilde casa.
El bienestar que el joven vigoroso
siente al llegar abril, el mes florido,
y el mes que va a la zaga del invierno,
sentiréis esta noche en mi morada
entre frescos capullos femeninos.
Después de contemplarlas y escucharlas,
escogeréis la de mayores méritos.
Entre tantas, la mía es una sola,
y no será contada especialmente.
Venid, acompañadme. Y tú, te marchas

(Al criado, entregándole un papel)

28

por la bella Verona y la recorres
buscando a las personas cuyos nombres
aquí tienes escritos, y les dices
que en mi casa serán muy bien venidos.

(Salen CAPULETO *y* PARIS. *)*

CRIADO. — ¡Encontrar a aquellos cuyos nombres están escritos aquí! Está escrito que el zapatero se las componga con su vara de medir y el sastre con su horma, el pescador con su pincel y el pintor con sus redes; pero me ordenan que busque a aquellas personas cuyos nombres están aquí escritos, y nunca descifraré cuáles son los que ha puesto aquí el escribiente. Debo acudir a los entendidos. ¡En buena hora!

Entran BENVOLIO *y* ROMEO

BENVOLIO.   ¡Calla! Un fuego, con otro es apagado.
Cesa un dolor cuando otro se desata.
Si dando vueltas te mareas, vuelve
a darlas al revés y te serenas.
Una pena terrible no se alivia
más que languideciendo en otra pena.
Dale a tu vista una dolencia ahora
y morirá el veneno de la antigua.

ROMEO.   Tus hojas de llantén son excelentes
para estos casos, y muy pronto curan.

BENVOLIO.   ¿Y para qué?

ROMEO.   Para tu tibia rota.

BENVOLIO.   ¿Estás loco, Romeo?

ROMEO.   No estoy loco,
pero sí más atado que un demente:

29

en la prisión, sin alimento alguno,
dolido por tormentos, por azotes...
Buenas tardes, buen hombre, Dios os guarde.

(Dirigiéndose al criado.)

CRIADO. — Buenas tardes. ¿Sabéis leer? Decidme.

ROMEO. — Sí, mi propio destino en mi infortunio.

CRIADO. — Eso, quizá, lo aprendisteis sin libros. Pero, os
lo ruego, ¿podéis leer las cosas que veis?

ROMEO. — Con tal de conocer lenguaje y letras.

CRIADO. — Habláis francamente. ¡Conservad el humor!

ROMEO. — Esperad, amigo, puedo leerlo. *(Lee el mensaje.)*
«El *signor* Martino, su esposa e hijas; el conde An-
selmo y sus lindas hermanas; la señora viuda de Vi-
truvio; el *signor* Placencio y sus gentiles sobrinas;
Mercucio y su hermano Valentín; mi tío Capuleto, su
esposa e hijos; mi bella sobrina Rosalinda y Livia; el
signor Valencio y su primo Teobaldo; Lucio y la
avispada Helena.» Bonita reunión: han de ir, ¿adónde? *(Devuelve el papel.)*

CRIADO. — Arriba.

ROMEO. — ¿Adónde?

CRIADO. — A cenar a nuestra casa.

ROMEO. — ¿Qué casa?

CRIADO. — La de mi amo.

ROMEO. — En verdad, esto te lo debiera haber preguntado
antes.

CRIADO. — Ahora os lo diré sin que me lo preguntéis: mi
amo es el riquísimo Capuleto, y si vos no sois de la
casa de los Montescos, os ruego que vengáis y escan-
ciaremos una copa de vino. ¡Conservad el humor!
(Sale.)

BENVOLIO.	En esta misma y tan antigua fiesta
	de Capuleto cena Rosalinda,
	la hermosa dama que tú tanto amaste,
	con todas las bellezas de Verona.
	Vente y con ojos imparciales mira;
	con quien te enseñe yo, su faz compara,
	y tu cisne verás trocado en cuervo.
ROMEO.	¡Si el fervor religioso de mis ojos
	falsedad semejante mantuviese,
	que mis lágrimas sean pronto llamas,
	y esos claros herejes, que a menudo
	se anegan sin llegar a morir nunca,
	sean quemados presto por mendaces!
	¡Más bella que mi amor otra muchacha!
	¡El sol clarividente nunca ha visto
	otra faz tal desde que existe el mundo!
BENVOLIO.	Es bella para ti, pues no comparas,
	y has pesado su imagen con su imagen.
	Pero en estas balanzas cristalinas
	deberías pesar otras doncellas
	que en la fiesta verás resplandecientes,
	con el amor que sientes por tu dama;
	y la que ahora pones en la cumbre
	la verás inferior al compararla.
ROMEO.	Iré, no para ver tal espectáculo,
	sino para gozar viendo a mi hermosa.

ESCENA III

Salón en casa de los Capuletos

Entran LADY CAPULETO *y la* NODRIZA

LADY CAP.   Dime, nodriza, ¿dónde está mi hija?
            Date prisa y a ver si me la traes.
NODRIZA.   ¡Por mi inocencia de los doce años!
            La llamé: ¡Corderillo! ¡Mariposa!
            ¡Dios nos ampare! ¿Dónde estás? ¡Julieta!

Entra JULIETA

JULIETA.   ¿Qué hay? ¿Quién me llama?
NODRIZA.   Vuestra madre.

JULIETA.   Aquí, señora, estoy. Decid qué ocurre.
LADY CAP. Se trata de... Retírate, nodriza,
           en secreto hablaremos. No, no, vuelve,
           nodriza: lo pensé mejor y quiero
           que escuches mis consejos, ya que sabes
           que en una linda edad crece mi hija.
NODRIZA.   A fe que sin errar en una hora
           su edad puedo deciros con certeza.
LADY CAP. Catorce no ha cumplido.
NODRIZA.   Apostaría
           catorce dientes (tengo, ¡ay!, sólo cuatro)
           a que no llega. Pero, ¿cuánto falta
           para que empiece agosto?
LADY CAP.   Una quincena
           y algunos días más, según parece.
NODRIZA.   Pares o nones, de entre tantos días
           del año, cuando entremos en agosto
           catorce ha de cumplir anocheciendo.
           Susana y ella —¡Dios acoja a todas
           las almas y las lleve a su morada!—
           la misma edad tenían, y no yerro.
           Pero Susana está en el cielo, ¡y era
           tan buena para mí! Como os decía,
           cumple catorce cuando agosto llegue.
           ¡Vaya si los tendrá! Bien lo recuerdo.
           Hace once años ya del terremoto;
           fue destetada entonces, y no olvido
           aquel día entre todos los del año.
           Estando al pie del palomar, me puse
           acíbar en el pecho, al sol sentada;
           en Mantua estabais vos con vuestro esposo.
           ¡Tengo buena memoria! Y, como dije,

cuando probó el pezón que estaba untado
y lo halló tan amargo, ¡la tontuela!,
hacía falta verla así enojada;
¡cómo se incomodó contra mi pecho!
El palomar temblaba, y, os lo juro,
para correr no me hizo falta aviso.
¡Once años cumplidos desde entonces!
Y se tenía en pie; doy mi palabra.
Y podía correr, aun dando tumbos.
La víspera, sin más, se hirió en la frente.
Y mi marido (que del cielo goce),
tan jubiloso, levantó a la niña.
«Vaya —dijo—, ¿de bruces te caíste?
Con más jüicio, caerás de espaldas.
¿No es verdad, Julia?» Por la Virgen juro
que no lloró ya más la picaruela
y dijo: «Sí.» Pero hay que ver si ahora
las bromas son de veras como antaño.
Si llegase a los mil lo recordara.
Él me dijo: «¿No tengo razón, Julia?»
Y calló la tontuela y «sí» repuso.

LADY CAP.   Basta ya. Te suplico que te calles.

NODRIZA.   Muy bien, señora, pero no me aguanto
las ganas de reír cuando recuerdo
el «sí» que dijo al acabar sus lloros.
Y en la frente tenía, os lo aseguro,
un chichón como un huevo de gallina.
Un golpe peligroso. Y la pequeña
lloraba amargamente. «Vaya —dijo
mi esposo—. ¿Te has caído, al fin, de bruces?
Con más jüicio, caerás de espaldas.
¿No es verdad, Julia?» Y calla y «sí» responde.

JULIETA.	Que te reprimas, por favor, te pido.
NODRIZA.	He terminado ya, por fin; silencio.
	¡Que Dios te favorezca con su gracia!
	Eres de lo más lindo que he criado.
	Si pudiese alcanzar tus desposorios,
	se verían colmados mis deseos.
LADY CAP.	¿Desposorios? Por eso yo os llamaba,
	para hablaros de boda. Y di, Julieta:
	¿estás dispuesta para desposarte?
JULIETA.	En honor semejante no he soñado.
NODRIZA.	¡Un honor! Si no fuese yo la única
	nodriza que has tenido, creería
	que el juicio mamaste de mis pechos.
LADY CAP.	Ya es hora de que pienses en casarte.
	Más jóvenes que tú, aquí en Verona,
	nobles damas son madres, y yo misma
	más chiquita que tú también fui madre.
	En fin, te lo diré muy brevemente:
	quiere tu amor el valeroso Paris.
NODRIZA.	¡Qué hombre, mi señora! ¡Señorita!
	Es todo un hombre como el mundo entero.
	¡Vaya! Además, parece hecho de cera.
LADY CAP.	En todo el gran estío de Verona
	una flor semejante no se ha visto.
NODRIZA.	Es una flor de veras. Sí, no hay duda.
LADY CAP.	¿Y qué me dices? ¿Llegarás a amarle?
	Le verás en la fiesta de esta noche:
	lee en el libro de la faz de Paris
	y el hechizo verás en él escrito
	con pluma que posee la belleza.
	En sus facciones ve cuánta armonía
	y cuán equilibrados son sus rasgos.

Si en este hermoso libro hay algo oscuro,
está más claro en torno de sus ojos.
Un tal libro de amor, de tanto precio,
un tal amante en rústica requiere,
para ser más hermoso, una cubierta.
El pez vive en el mar. Y es honor alto
que la belleza externa cubra a otra.
Cuando cierran el libro broches de oro,
la dorada leyenda que contiene
de la gloria de aquéllos participa.
De modo semejante, si le tienes
a él disfrutarás de sus riquezas
y tú no sufrirás mengua ninguna.

NODRIZA. ¿Mengua, decís? ¡Qué disparate! ¡Aumento!

LADY CAP. ¿Pero el amor de Paris te complace?

JULIETA. Amar intentaré si al amor mueve
el ver; mas no adentrando las miradas:
lo qué permita sólo vuestro impulso,
y con él para el vuelo tendré fuerzas.

Entra un criado

CRIADO. — Señora, ya han venido los invitados. La cena
está dispuesto. Os llaman, señora; preguntan por la
señorita. Maldicen de la nodriza en la despensa; en
fin, todo en su punto. Debo ir a servir. Os suplico
que vayáis en seguida.

LADY CAPULETO. — Vamos. *(Sale el criado.)* Julieta, el
Conde está esperando.

NODRIZA. ¡Anda, muchacha, ve en busca de noches
felices para días venturosos!

ESCENA IV

Una calle

Entran ROMEO, MERCUCIO y BENVOLIO *con cinco o seis
enmascarados, portadores de antorchas,
y algunos otros*

ROMEO.　　　¿Echaremos la arenga como excusa (1)
　　　　　　o penetramos sin ningún pretexto?
BENVOLIO.　¡Pasó el tiempo de tales nimiedades!
　　　　　　Ni hace falta Cupido con los ojos
　　　　　　vendados y llevando un arco tártaro
　　　　　　de madera pintada y dando sustos
　　　　　　como un espantapájaros de damas.

---

(1) Según costumbre, el que asistía a un baile sin ser invitado
previamente, se disculpaba en público.

	·advierta ahora mis deformidades.
	Mi antifaz, por mi cara se sonroje.
BENVOLIO.	Llamad y entrad, y cuando estemos dentro,
	cada cual de sus pies se cuide sólo.
ROMEO.	¡Dadme una antorcha! Que los más livianos,
	de alegre corazón, hagan cosquillas
	con sus talones a las insensibles
	alfombras, y recuerdo aquel proverbio
	de mi abuelo: «Seré portacandela
	y miraré», que nunca tan propicia
	fue la partida, pero yo desisto.
MERCUCIO.	El alguacil decía que «el caballo
	bayo es ratón», y vos, si sois ahora
	caballo bayo, vamos a sacaros
	del cieno del amor reverencioso
	donde hasta las orejas os metisteis (1).
ROMEO.	No, no es así.
MERCUCIO.	Señor, sólo os recuerdo
	que con tanto retraso malgastamos
	en vano nuestras luces, como lámparas
	que arden sin motivo en pleno día.
	Nuestra intención es buena, daos cuenta,
	ya que nuestro jüicio cinco veces
	está en ella, mas antes que una sola
	en las cinco potencias como antaño (2).
ROMEO.	Nuestra intención es buena concurriendo
	a esta mascarada, pero indica
	temeridad.
MERCUCIO.	¿Por qué? ¿Puede saberse?

---

(1) Alude Shakespeare al juego del «caballo bayo», que consistía, principalmente, en sacar del cieno un caballo de madera.

(2) Antaño las potencias eran cinco: sentido común, imaginación, juicio, memoria y fantasía, según recuerda Astrana Marín.

Ni prólogo sin libro lentamente
repetir al entrar en son de apunte.
Que como gusten midan nuestro paso,
y cuatro pasos en el baile, ¡y fuera!

ROMEO. ¡Dadme una antorcha, que no quiero historias!
Debo llevar la luz porque estoy triste.

MERCUCIO. Gentil Romeo, debéis danzar antes.

ROMEO. Yo, no; creedme. Y ved vuestros zapatos
de ágiles suelas, para el baile a punto.
Yo llevo alma de plomo que me clava
en el suelo y me impide el movimiento.

MERCUCIO. ¡Estáis enamorado! Pues que os preste
Cupido sus dos alas y con ellas
remontad los confines de las cumbres.

ROMEO. Tan dolorido me dejó su dardo,
que sus plumas ligeras no me sirven.
Y tan sujeto estoy, que no me elevo
más allá de la negra pesadumbre:
¡bajo la carga del amor me hundo!

MERCUCIO. ¡Al amor arrastráis si vais a pique,
y para un ser tan tierno es mucha carga!

ROMEO. ¡Amor, ser delicado! Es en exceso
tempestuoso y demasiado áspero,
punzante como abrojo y asaz rudo.

MERCUCIO. Si es áspero con vos amor, pagadle
con la misma moneda: la aspereza.
Pinchadle si él os pincha, y abatidle.
Dadme un estuche y guardaré mi rostro.

(*Colocándose el antifaz.*)

¡Una máscara dentro de otra máscara!
Poco importa que un ojo entrometido

ROMEO.	Anoche tuve un sueño.
MERCUCIO.	Pues yo, otro.
ROMEO.	Muy bien, y ¿qué soñasteis?
MERCUCIO.	Que a menudo

a mentir acostumbran los que sueñan.

ROMEO. Sueñan cosas verídicas durmiendo.

MERCUCIO. La reina Mab os visitó sin duda.
Comadrona de hadas, se aparece
en la figura no mayor que el ágata
del regidor brillándole en el índice.
Arrastran su carroza dos corpúsculos
y las narices del que duerme pisan.
Los rayos de las ruedas se formaron
con patas de tarántula muy largas.
De alas de cigarrón es la cubierta;
de fina telaraña, los tirantes;
con los húmedos rayos de la luna
formaron los arneses. Con un hueso
de grillo tuvo fusta, pero el látigo
termina con membrana quebradiza.
Enfundado en el gris de su librea,
el oficio de auriga hace un mosquito,
que no es ni la mitad de un diminuto
gusano redondito, que se extrae
del dedo perezoso de una chica.
Cáscara de avellana es la carroza,
labrada por la ardilla carpintera,
por el viejo gorgojo, que hace siglos
son fieles carroceros de las hadas.
Y así va galopando en esa pompa,
y una noche tras otra, ella atraviesa
los cerebros de los enamorados;

y desde entonces son de amor sus sueños.
De cortesanos las rodillas pisa
y sueñan cortesías, reverencias.
Toca los dedos de los leguleyos,
que sueñan al instante en sus minutas.
Pasea por los labios de las damas,
que en dulces besos sueñan en seguida;
pero a menudo Mab, la airada reina,
esos labios castiga con ampollas,
cuando su aliento a golosinas huele.
Del cortesano la nariz recorre
y sueña con que al fin olió un empleo.
O también con el rabo de un cochino
en la nariz del cura hace cosquillas
y al punto en otra canonjía sueña.
El pescuezo recorre de un soldado
y sueña con degüellos de enemigos
y después con asaltos y emboscadas,
con las espadas de Toledo y brindis
de cinco largos tragos saludables.
Y resuena el tambor en sus oídos,
se yergue desvelado y, con el susto,
como jurando reza, y se echa en cama,
de nuevo adormecido. Y es la Reina
la que ata la crin de los caballos
y enmaraña los rizos de los elfos
y hace sucias guedejas que, al peinarlas
de nuevo, auguran muchos infortunios.
Cuando de espaldas duermen las doncellas,
les enseña a sufrir y las oprime,
haciéndolas mujeres de buen porte.
Ella es...

ROMEO.   ¡Basta ya, Mercucio, basta!
          Habláis de nada.
MERCUCIO.   Sí, es verdad, de sueños
          que son los hijos de una mente ociosa,
          nacidos sólo de la fantasía,
          que es tan vana y endeble como el aire;
          más voluble que el viento que, amoroso,
          el seno besa del helado Norte,
          aunque después se irrite y su faz vuelva
          hacia el Sur, donde nace buen rocío.
BENVOLIO. Habláis tanto de viento, que disipa.
          La cena habrá acabado. Será tarde.
ROMEO.   Demasiado temprano, pues auguro
          que alguna desventura, que en los astros
          todavía está oculta, con las fiestas
          y regocijos que esta noche hacemos
          amargamente empezará su curso;
          y acabará la vida despreciable
          encerrada en mi pecho con un golpe
          ruin, indicio de muerte prematura.
          Pero Aquel que con mano firme empuña
          el timón de mi ruta ¡guíe el barco!
          Alegres caballeros, ¡adelante!
          ¡Toca, tambor! (*Salen de la escena.*)

ESCENA V

En casa de los Capuletos

Entran los enmascarados. Llegan criados llevando servilletas

CRIADO 1.° — ¿Dónde está Cacerola, que no ayuda a quitar la mesa? ¿Quitar él un cuchillo? ¿Lavar él un cuchillo?

CRIADO 2.° — Es un asco que los buenos modales de una casa estén en manos de una o dos personas, y aún las llevan sucias.

CRIADO 1.° — Quitad los bancos, apartad el aparador, vigilad la vajilla. Bueno, muchacho, guárdame un trozo de mazapán, y, si me aprecias, deja que el portero permita entrar a Susana Grindstone y a Lena. ¡Antonio! ¡Cacerola!

CRIADO 2.º — Sí, muchacho, ya estamos dispuestos.

CRIADO 1.º — Os necesitan, os llaman, preguntan por vosotros y os buscan en el gran salón.

CRIADO 3.º — No podemos estar en todas partes. ¡Vamos, muchachos! Entre tanto, animémonos, y el que viva más que se lo lleve todo. (*Los criados se retiran.*)

Entran CAPULETO *con todos los huéspedes y gentiles damas con máscaras*

CAPULETO. ¡Os doy mi bienvenida, caballeros!
Las damas que conserven los pies ágiles
abrirán con vosotros una danza.
¡Ja, ja! Señoras mías, ¿quién ahora
rehusará en el baile dar un paso?
Si alguna hace remilgos, juraría
que tiene callos. ¿No es verdad que acierto?
¡Sed bienvenidos, caballeros! Hace
mucho tiempo también llevé careta
y una historia de antaño murmuraba
junto al oído de una dama hermosa,
y así me deleitaba. Y todo ha sido.
¡Todo ha pasado ya, todo ha pasado!
¡Os doy mi bienvenida, caballeros!
¡Adelante! ¡Debéis tocar, los músicos!
¡Paso, paso! ¡Dejad la sala libre!
¡Pies ligeros, muchachas! Y, ¡hala, al baile!

(*Empieza la música y bailan.*)

¡Venga, chicos, más luz! ¡Quitad las mesas!
¡Sacad el fuego, que el calor sofoca!
¡Ah, tunante! ¡Qué bien viene un sarao

	tan imprevisto como éste! Siéntate.
	¡Vamos, querido primo Capuleto,
	que de bailar pasaron nuestros días!
	¿Desde cuándo no usamos la careta?
CAP. 2.º	¡Virgen Santa! Ya hace treinta años.
CAPULETO.	¡Pero, hombre, no tanto, que a lo sumo
	desde la boda de Lucencio, y, pese
	al raudo sucederse de las Pascuas,
	van a cumplirse veinticinco años
	y el antifaz llevábamos entonces!
CAP. 2.º	Es más, es más, porque es mayor su hijo
	y ha cumplido los treinta.
CAPULETO.	¡No es posible!
	Era menor de edad hace dos años.
ROMEO.	*(A un criado.)* ¿Quién es aquella dama que
	[enriquece
	la mano del galán que está en el fondo?
CRIADO.	No lo sé, señor.
ROMEO.	Ella mueve a la luz de las antorchas
	para que brillen más, y su hermosura
	pende del rostro de la noche como
	un joyel de la oreja de un etíope.
	Esa hermosura es demasiado rica
	para la tierra o bien para gozarla.
	Como paloma blanca entre los cuervos,
	entre las otras damas aparece.
	Al fin del baile observaré en qué sitio
	va a descansar y tocaré su mano,
	y así va a ser feliz mi ruda diestra.
	¿Mi corazón ha amado hasta este día?
	¡Negadlo, ojos! ¡Que esta noche he visto
	por una vez la auténtica hermosura.

TEOBALDO.	Por la voz me parece que es Montesco (1).
	¡Trae la espada, chico! ¿Que ese infame
	se atreva aquí a venir enmascarado
	a hacer burla y escarnio de esta fiesta?
	Por la estirpe y honor de mi familia,
	que no juzgo pecado darle muerte.
CAPULETO.	Mi sobrino. ¿Qué hay? ¿Qué te incomoda?
TEOBALDO.	Un Montesco es aquél, nuestro enemigo.
	Vino aquí, por despecho, el muy villano
	a escarnecer la fiesta de esta noche.
CAPULETO.	¿Es el joven Romeo?
TEOBALDO.	¡El vil Romeo!
CAPULETO.	¡Déjale en paz y cálmate, sobrino,
	pues como un noble hidalgo aquí se porta!
	A decir la verdad, Verona ensalza
	con orgullo a ese joven virtuoso.
	Ni por todo el tesoro de esta villa
	quisiera que en mi casa le ultrajasen.
	Muéstrate, pues, paciente y no te ocupes
	del de Montesco: así yo te lo mando.
	Y, si respetas mi deseo, muestra
	un rostro afable y deja ese entrecejo:
	es un talante impropio para un baile.
TEOBALDO.	¡Es la actitud mejor cuando un canalla
	está de huésped! ¡Yo no lo soporto!
CAPULETO.	¡Pues vas a soportarlo! ¿Qué te crees,
	caballerete? ¿Te disgusta? ¡Márchate!
	¿Pero quién manda aquí? ¡Tú, vete! ¡An-
	[dando!
	¿No le soportarás? ¡Dios me perdone!

---

(1) Sin darse cuenta de su imprudencia, Romeo habla en voz
alta y Teobaldo le reconoce entonces.

	¿Armarás un motín entre mis huéspedes?
	¡Hacer el bravucón y así engallarse!
TEOBALDO.	Es un oprobio, tío.
CAPULETO.	¡Fuera, fuera!
	Eres un joven díscolo, ¿no es eso?
	¡Te podría costar cara la broma!
	¡Ya sé: quieres llevarme la contraria!
	¡En buena hora! ¡Bien, amigos! (1) ¡Eres
	un mequetrefe! ¡Anda, estáte quieto!
	¡Más luz! ¡Oh, qué vergüenza! ¡Vas a estarte
	de una vez quieto! ¡Y animaos, hijos!
TEOBALDO.	¡Mi calma impuesta y mi encendida ira
	hacen temblar mis carnes con su pugna!
	¡Me marcho, pero esa impertinencia
	que hoy nos parece dulce va a trocarse
	en una hiel terriblemente amarga! *(Sale.)*
ROMEO.	*(A* JULIETA.) Si yo profano con mi diestra in-
	[digna
	esta urna santa, deberé expiarlo:
	como dos ruborosos peregrinos
	mis labios borrarán y harán süave
	tan ruda falta con un tierno beso.
JULIETA.	Buen peregrino sois, en demasía
	injusto con la mano que así muestra
	su devoción de tan cortés manera.
	Manos de santo el peregrino toca
	y el beso del palmero es con las palmas (2).
ROMEO.	¿Ni el santo ni el palmero tienen labios?
JULIETA.	Pero deben usarlos en sus preces.

---

(1) Se dirige a los que bailan.
(2) Palmero era el nombre que se daba a los peregrinos de Tierra Santa porque usaban una palma en sus romerías.

ROMEO.	Entonces, que mis manos y mis labios, ¡oh mi adorable santa!, hagan lo mismo: que recen, y acceded a lo que imploran, para que así la fe no desespere.
JULIETA.	El santo no se mueve aunque le pidan, pero después accede a las plegarias.
ROMEO.	Pues no os mováis, señora, que entre tanto voy a tomar el fruto de mis preces. Y tus labios los míos purifican. *(La besa.)*
JULIETA.	Pero entonces mis labios recibieron el pecado tomado a vuestros labios.
ROMEO.	¿Pecado de mis labios? ¡Oh la culpa dulcemente pedida! Devolvedme mi pecado. *(La besa.)*
JULIETA.	Besáis según las normas.
NODRIZA.	Señorita, os reclama vuestra madre.
ROMEO.	¿Y su madre quién es?
NODRIZA.	Buen caballero, su madre es la señora de esta casa, muy buena, muy prudente y virtuosa. Su hija, a la que hablabais, he criado, y yo os digo que aquel que la cautive se llevará un tesoro.
ROMEO.	¿Es Capuleto? ¡Gravosas cuentas! Deberé mi vida a un enemigo.
BENVOLIO.	¡Fuera ya, salgamos, que en su punto más alto está la fiesta!
ROMEO.	Así lo temo, y la inquietud me crece.
CAPULETO.	¡No, caballeros, no os pongáis en marcha! Falta aún un banquete modestísimo. Mas ¿os vais? Pues daré gracias a todos.

Os doy las gracias, y muy buenas noches.
¡Más antorchas aquí! *(Salen los enmascara-*
[dos.) ¡La cama espera!
Es tarde, amigo. ¡Vamos al descanso!

(Salen todos menos JULIETA *y la* NODRIZA.*)*

JULIETA.   Y el caballero aquel, ¿quién es, nodriza?
NODRIZA.   Del anciano Tiberio el mayorazgo.
JULIETA.   ¿Quién es aquel que sale por la puerta?
NODRIZA.   Es el joven Petruchio, me parece.
JULIETA.   ¿Y el que le sigue, que no entró en el baile?
NODRIZA.   No sé.
JULIETA.   Procura, pues, saber su nombre.
Mi tálamo nupcial, si él es casado,
presumo que va a ser mi sepultura.
NODRIZA.   Es un Montesco y llámase Romeo.
Y es de vuestro adversario el hijo único.
JULIETA.   ¡Mi solo amor de un odio solo nace!
¡Harto pronto le vi sin conocerle,
y tarde por demás le he conocido!
En mí tiene el amor un prodigioso
principio: y es amar a un adversario
que es tan aborrecido.
NODRIZA.
                              ¿Y qué murmuras?
JULIETA.   Los versos que he aprendido hace muy poco
de aquel con quien bailé.

(Una voz dentro: «¡Julieta!»)

NODRIZA.
                              ¡Voy en seguida!
¡Hala, vámonos ya! Los invitados
no están aquí. Ya se marcharon todos. *(Salen.)*

4.—La tragedia de Romeo y Julieta

SEGUNDO ACTO

PÓRTICO

Entra el Coro

Coro.   Ved al antiguo amor languideciendo
         en su lecho de muerte, y una nueva
         querencia está buscando sucederle.
         La hermosura por quien se lamentaba
         el amor al decir que moriría,
         de rival con Julieta pierde hechizo.
         Romeo ama y es amado a un tiempo,
         por la luz de los ojos fascinado;
         y aun a su enemiga, que es supuesta,

ha de contar sus cuitas, y ella misma
el cebo del amor de los temibles
anzuelos ha de hurtar y preservarle.
Siendo, pues, enemigo, está vedado
que él le dé alientos para hacer los votos
que entre amantes son como un juramento.
Ella, también enamorada, cuenta
con poquísimos medios para verle.
Mas la pasión da fuerza, y les procura
medios el tiempo para entrevistarse,
templando el gran dolor con la gran dicha.

ESCENA PRIMERA

*Una callejuela junto a la tapia del jardín
de* CAPULETO

Entra ROMEO

ROMEO.   ¿Si tengo aquí mi corazón, acaso
            he de marcharme? ¡Atrás, mi torpe arcilla:
            para encontrar tu centro has de volverte!
            (Escala la tapia y salta dentro.)

Entran BENVOLIO *y* MERCUCIO

BENVOLIO.   ¡Romeo! ¡Primo mío!
MERCUCIO.   Es jüicioso
            y ya estará en su casa, y en la cama.
BENVOLIO.   Recorrió este camino y ha saltado
            la tapia del jardín. ¿Quieres llamarle?
MERCUCIO.   Le llamaré además con un conjuro.
            ¡Ah Romeo, pasión, capricho, loco,
            amante! Toma forma en un suspiro.
            Recita un verso y estaré contento.
            Grita sólo «¡ay de mí!»; luego murmura:
            «amor, asoma» y rima con «paloma».
            Echa un requiebro a mi comadre Venus,

ponle un apodo a su heredero, el hijo
que es el Adán de todos los Cupidos
y disparó certeramente cuando
el rey Cofetua quiso a una mendiga.
Ni oye, ni se agita, ni se mueve.
¡Muerto está el mono y debo conjurarlo!
¡Yo te conjuro por los claros ojos
de Rosalinda, por su frente altiva,
sus labios de escarlata, su pie breve,
sus finas piernas y sus muslos trémulos,
y por contiguos predios, que a nosotros
quieras mostrarte ya con tu figura!

BENVOLIO.   Lograrás enojarle, si te escucha.

MERCUCIO.   Por eso, no. Sólo se enojaría
si un espíritu extraño yo evocara
muy cerca de su amada y lo dejase
allí, esperando que ella al fin pudiera
abatirlo por medio de un conjuro.
Eso sería causa de despecho,
pero mi invocación es franca y linda,
y el nombre de su amada sólo invoco
para que él en figura se nos muestre.

BENVOLIO.   Ven conmigo. En los árboles oculto
para comunicarse con la noche
vaporosa va a estar el fiel Romeo.
Su amor es ciego y gusta de tinieblas.

MERCUCIO.   Si amor es ciego, no dará en el blanco.
Estará recostado junto a un níspero
deseando que sea su adorada
esa clase de fruta que las chicas
cuando ríen a solas llaman níspolas.
¡Si ella fuese, Romeo, si ella fuese

para ti como un fruto delicado!
¡Buenas noches, Romeo, buenas noches!
A mi lecho de ruedas me retiro;
para dormir a gusto encuentro helada
la cama hecha con hierbas. ¿Nos iremos?

BENVOLIO.   Vámonos, pues resultaría inútil
buscar a quien no quiere que le encuentren.

(Salen.)

ESCENA II

Jardín de CAPULETO

ROMEO.   De nuestras cicatrices hace burla
           aquel que nunca recibió una herida.

JULIETA aparece arriba, en una ventana

           Pero ¿qué luz asoma a esa ventana?
           ¡Es el Oriente! ¡El sol es mi Julieta!
           Sol esplendente, surge en tus dominios
           y mata pronto a la envidiosa luna,
           que palidece, acongojada y triste,
           al ver que tú, la que eres su doncella,

en hermosura la has aventajado.
Y no la sirvas más, por envidiosa.
Su porte de vestal la hace enfermiza;
así visten los locos: no la imites.
¡Es mi dama! ¡Es mi amor! ¡Si lo supiera!
Habla, mas nada dice. ¡Qué me importa!
Sus ojos hablan. Responderles quiero.
Soy demasiado audaz: no habla conmigo.
Dos de los astros más resplandecientes
de todo el cielo, a sus ocupaciones
han de marchar y ruegan a los ojos
de mi amor que en el tiempo de su ausencia
brillen en sus esferas, reemplazándolos.
¿Si estuvieran allí sus ojos puros
y los astros bajaran a su rostro?
A los dos astros avergonzaría
la luz de las mejillas de mi dama,
tal el día a una lámpara oscurece.
Y a través del etéreo firmamento
tanto fulgor habría en su mirada,
que empezarían a cantar los pájaros,
ya creyendo llegado el nuevo día.
La mejilla en la mano apoya: ¡vedla!
¡Oh si yo fuese de esa mano el guante
ya en su mejilla!

JULIETA.   ¡Ay, Dios mío!
ROMEO.   ¡Habla!
¡Ángel brillante, habla de nuevo, habla
para mí, tan glorioso en esta noche
cuando te encumbras sobre mi cabeza
cual mensajero alado de los cielos
ante asombrados ojos, casi en blanco,

de los mortales que, tumbados, miran
cuando cabalga en perezosas nubes
y navega en el seno de los aires!

JULIETA.   ¡Oh Romeo, oh Romeo! ¿Por qué eres
Romeo tú? Niega a tu padre entonces,
reniega de tu nombre. O, si no quieres,
júrame solamente que me amas
y dejo de llamarme Capuleto.

ROMEO.   (*Aparte.*) ¿Debo escucharla aún, o la interrumpo?

JULIETA   Es tan sólo tu nombre mi enemigo;
más que un Montesco eres tú mismo, aparte.
¿Pero qué es ser Montesco? Ni una mano,
ni pie, ni brazo o rostro, parte alguna
de un ser humano. ¡Has de cambiar de nombre!
En un nombre, ¿qué hay? Lo que se ha dado
en llamar rosa, si le hubiesen puesto
otro nombre también perfumaría.
Y si Romeo así no se llamase
tendría aún sus dulces perfecciones.
Romeo, deja el nombre que posees
y, a cambio de él, que no te configura,
tómame a mí.

ROMEO.   Recojo tu palabra:
pero sólo «amor mío» has de llamarme
y seré como un nuevo bautizado.
Ya no seré Romeo desde ahora.

JULIETA.   ¿Quién eres, que al amparo de la noche,
sorprendes de tal modo mis secretos?

ROMEO.   Con un nombre no sé cómo decirte
quién soy; odio a mi nombre, ¡oh santa mía!,
pues te es adverso. Si tuviese escrita
esta palabra, ahora la rasgaba.

JULIETA.	Mis oídos aún no habrán libado
	cien palabras salidas de tu lengua,
	y cuál es ese acento ya conozco.
	¿Verdad que eres Romeo y un Montesco?
ROMEO.	De los dos nombres no seré ninguno
	si los dos te disgustan, bella santa.
JULIETA.	¿Cómo y por qué, responde, aquí viniste?
	Las tapias del jardín difícilmente
	pueden saltarse porque son muy altas.
	Y, sabiendo quién eres, este sitio
	es mortal para ti; si aquí te hallase
	alguno de mis deudos, morirías.
ROMEO.	En alas del amor salvé las tapias,
	que no hay para el amor setos de piedra;
	lo que el amor posible considera
	bien tendrá la osadía de intentarlo.
	Por lo tanto, tus deudos no me asustan.
JULIETA.	Con sólo que te vean te apuñalan.
ROMEO.	Hay más peligro para mí en tus ojos
	que en veinte espadas de ellos. Si me miras
	dulcemente, no temo sus embates.
JULIETA.	Por cuanto vale el mundo no quisiera
	que te viesen aquí los Capuletos.
ROMEO	Tengo un manto de noche que me esconde,
	pero, amándome tú, poco me importa
	que me encuentren aquí, porque mi vida
	fuera mejor segarla con su odio
	que, sin tu amor, el retrasar mi muerte.
JULIETA.	¿Quién, dime, te ha guiado hasta este sitio?
ROMEO.	El amor, que me indujo a averiguarlo.
	Me aconsejó; yo le presté mis ojos.
	Aunque no soy piloto, si estuvieras

tan lejos como en una vasta playa
bañada por el mar más alejado,
por tal tesoro correría el riesgo.

JULIETA.   Cubre mi rostro el velo de la noche;
de otro modo, verías como asoma
un rubor virginal a mis mejillas
por lo que oíste que decía ha poco.
Las formas guardaría yo con gusto,
con gusto negaría lo que dije,
y, sin embargo, ¡adiós a los cumplidos!
¿Tú me amas? Que sí dirás, sospecho;
voy a creerlo bajo tu palabra;
si jurases, quizá me engañarías;
de esos perjurios hace burla Júpiter,
pues son de amantes. ¡Oh gentil Romeo!
Sé bien sincero, si en verdad me amas.
O si piensas que he sido demasiado
fácilmente ganada, me pondría
con aire esquivo y ceño muy fruncido,
y así procurarías conquistarme;
mas de otro modo, ni por todo el mundo.
Confieso que te amo demasiado.
Si por ello me tildas de ligera,
confía en mí, señor, y verás como
soy más leal que las que disimulan.
Yo debiera haber sido, lo confieso,
más reservada, pero no advertía
que tú me estabas escuchando mientras
mi amor fiel, mi pasión yo revelaba.
Perdóname, te ruego, y no me creas
inclinada a ceder a amor liviano,
confesado en lo oscuro de la noche.

ROMEO	Por la bendita, la lejana luna,
	que la cima de todos los frutales
	platea con su luz, señora, juro...
JULIETA.	Por la luna inconstante no me jures,
	que cambia cada mes al dar su giro:
	que no fuese tu amor también variable.
ROMEO.	¿Por qué jurar, entonces?
JULIETA.	Pues por nada;
	o sólo jurarás por tu persona,
	que es el único dios que yo idolatro,
	y bien te creo...
ROMEO.	Si el amor del alma...
JULIETA.	Pues bien, no jures. Y aunque gozo en verte,
	no me alegro del pacto de esta noche:
	es temerario, brusco y repentino
	en demasía, y se parece mucho
	a la luz del relámpago que acaba
	muy antes de decir: «Relampaguea».
	Buenas noches, bien mío. Este capullo
	de amor, con el aliento del estío,
	será cuando volvamos a encontrarnos
	acaso flor en toda su hermosura.
	¡Buenas noches! ¡Que tengas buenas noches!
	Llegue a tu corazón este descanso
	dulcísimo que siento yo en el mío.
ROMEO.	¿Y así me dejarás insatisfecho?
JULIETA.	¿Con qué podré agradarte en esta noche?
ROMEO.	Jurémonos eterno amor entrambos.
JULIETA.	Te di mi amor antes que lo pidieses
	y ojalá todavía lo tuviera.
ROMEO.	¿Me lo quieres quitar? ¿Por qué, amor mío?
JULIETA.	Sólo para mostrarme generosa

y dártelo otra vez. Y, sin embargo,
deseo solamente lo que tengo.
Es mi largueza como el mar sin límites
y posee mi amor la misma hondura;
y por más que te dé, lo que me queda
es mayor, pues los dos son infinitos.

(La NODRIZA *llama desde dentro.)*

¡Oigo rüido! ¡Adiós, amor del alma!
¡Buena nodriza, voy! Dulce Montesco,
sé fiel y espera, volveré en seguida. *(Sale.)*

ROMEO. ¡Bendita noche venturosa! Temo
que todo sea un sueño entre las sombras:
es demasiado dulce y halagüeño
y no parece una verdad palpable.

(Vuelve a entrar JULIETA *arriba.)*

JULIETA. Dos palabras, Romeo, y buenas noches.
Si el amor que profesas es honrado,
tu fin el matrimonio, di mañana
a quien procuraré que te visite
el cómo y cuándo de la ceremonia;
y a tus pies dispondré toda mi suerte,
siguiéndote, mi dueño, por el mundo.

NODRIZA. *(Dentro.)* ¡Señora!

JULIETA. ¡Ya voy! Si no es honesto lo que piensas,
te ruego, amor...

NODRIZA. ¡Señora!

JULIETA. Va en seguida...
que no prosiga ya tu galanteo

y sola con mi pena me abandones.
Sabrás de mí mañana.

ROMEO.   ¡Alma, albricias!
JULIETA.   ¡Mil veces buenas noches! *(Sale.)*
ROMEO.   ¡Oh, malditas
mil veces si tu luz me falta en ellas!
El amor va al amor corriendo, como
huyen los escolares de sus libros;
pero amor del amor suele alejarse
como van a la escuela los pequeños:
con ojos soñolientos y cansados.

(Vuelve a entrar JULIETA *arriba.)*

JULIETA.   ¡Chits! ¡Romeo, Romeo! ¡Quién tuviese
la voz de un halconero y convenciera
a ese gentil azor para el retorno!
El que es esclavo tiene la voz ronca
y no puede gritar; si así no fuese,
destrozaría la caverna de Eco
y haría enronquecer más que la mía
su garganta de aire, repitiendo
de mi Romeo el nombre. Así: ¡Romeo!
ROMEO.   Mi nombre ha pronunciado el alma mía.
En la noche, ¡qué dulce y argentina
la voz de los amantes, como música
a oídos que la escuchan, tan süave!
JULIETA.   ¡Romeo!
ROMEO.   ¡Amor!
JULIETA.   ¿Mañana y a qué hora
debo enviarte el mensaje?
ROMEO.   Hacia las nueve.

JULIETA.	Lo haré. Para esa hora falta un siglo.
	No sé por qué motivo te he llamado.
ROMEO.	Déjame estar aquí mientras recuerdas.
JULIETA.	Lo olvidaré para poder tenerte
	ahí de pie, y recordarte entre tanto
	cuán grata es para mí tu compañía.
ROMEO.	Voy a quedarme más para que olvides;
	sólo de este lugar tendré memoria.
JULIETA.	Despunta el alba. Vete, ya es la hora,
	y no te alejes más que el pajarillo
	de aquella muchachita que la mano
	abre para que salte sólo un poco
	como un pobre cautivo con grilletes
	y luego con un hilo lo recobra
	amorosa, celosa al verlo libre.
ROMEO.	Quisiera ser tu pajarillo.
JULIETA.	¡Amado!
	También yo lo quisiera, pero temo
	que te daría muerte con mis mimos.
	¡Buenas noches, que tengas buenas noches!
	¡La despedida es un dolor tan dulce!
	«Buenas noches» diría hasta la aurora.
ROMEO.	¡Sueño a tus ojos, paz para tu pecho!
	¡Quién fuera sueño y paz; tan dulcemente
	descansaría! Desde aquí me marcho
	a ver al confesor para pedirle
	ayuda y referirle mi ventura. *(Sale.)*

ESCENA III

Celda de FRAY LORENZO

Entra FRAY LORENZO *con un cesto*

FRAY LOR. Sonríe la mañana de ojos grises
a la noche de ceño enfurruñado,
esmaltando las nubes del Oriente
con rayos luminosos; y la sombra
se tambalea abigarrada y huye
del camino del alba y de las ruedas
del fuego de Titán. Ahora, empero,
antes que el sol eleve, esplendoroso,
su ojo abrasador para que el día
cobre ánimo ya, y vaya secándose

todo el rocío que dejó la noche,
he de llenar el cesto, muy colmado,
con raras flores de precioso jugo
y con hierbas nocivas. Pues la tierra,
de la Naturaleza es madre y fosa.
Lo que es sepulcro es su materno seno.
Y brotan de él los seres más distintos
criados a sus pechos naturales.
Por sus muchas virtudes, un gran número
son excelentes; otros tienen pocas
virtudes, pero todos son distintos.
¡Cuán generosa es la pujante gracia
que hay en plantas, en hierbas y en las piedras
y en sus raras virtudes! De los seres
que en la tierra fecunda tienen vida,
no hay ninguno tan vil que no procure
a la tierra un provecho positivo.
Ni nada tan perfecto que, alejado
de su buen uso, no se vuelva contra
su origen verdadero y sea abuso.
Es vicio la virtud mal aplicada,
y por la acción el vicio se redime.
En esta flor tan débil, en su cáliz,
medicina y veneno viven juntos;
oliéndola renueva las potencias;
gustada, mata corazón, sentidos.
Dos reyes, así puestos, siempre acampan
en el ser de las hierbas y del hombre,
y son la santidad y la malicia;
y cuando es la peor la que gobierna,
muy pronto la gangrena de la muerte
devora todo el ser de aquella planta.

Entra ROMEO

ROMEO.   ¡Muy buenos días, Padre!

FRAY LOR.   *¡Benedicite!*
            ¿Y qué voz mañanera me saluda
            tan dulcemente? Me parece, hijo,
            que tendrás el cerebro algo agitado,
            pues tan pronto has salido de tu lecho.
            Vela siempre en los ojos del anciano
            la cuita, y donde ella se cobija
            nunca más podrá el sueño guarecerse.
            Pero donde los jóvenes tranquilos,
            con el cerebro libre de zozobras,
            van a tender sus miembros, allí el sueño
            dorado tiene un reino. Por lo tanto,
            tu madrugar indica un gran trastorno.
            Si no es así, ya doy en la dïana:
            no se ha acostado hoy nuestro Romeo.

ROMEO.   Lo último es verdad, pero descanso
            más dulce tuve.

FRAY LOR.   ¡Que el Señor perdone
            el pecado! ¿Qué? ¿Viste a Rosalinda?

ROMEO.   A ella no, mi reverendo Padre;
            he olvidado ese nombre y la amargura
            que recordarle mucho me reporta.

FRAY LOR.   Bien, hijito, muy bien. ¿Mas dónde has ido?

ROMEO.   Antes que nuevamente lo preguntes
            voy a decirlo. Estuve en una fiesta
            de mi enemigo, donde, de repente,
            una me hirió, ya herida por mí antes.
            Para curarnos ambos, en tu ayuda
            confiamos y en tu santa medicina.

Santo varón, no abrigo ningún odio,
pues te pido también por mi enemigo.

FRAY LOR. Sé llano y familiar en lo que dices,
porque una confesión que es enigmática
tendrá una absolución también equívoca.

ROMEO. Pues bien: mi corazón enamorado
entregaré sólo a la hermosa hija
del rico Capuleto; te lo juro:
trocamos ella y yo los corazones.
Y todo está ya a punto, salvo aquello
que has de hacer para el santo matrimonio.
Cuándo nos conocimos, cómo y dónde
fue el cortejar y el cambio de promesas,
por el camino lo sabrás; ahora
te ruego que nos cases hoy, hoy mismo.

FRAY LOR. ¡Válgame San Francisco! ¡Qué inconstante!
¿Y cómo has olvidado a Rosalinda
tan pronto, si la amabas tiernamente?
El amor de los jóvenes radica,
más que en el corazón, en su mirada.
¡Jesús, María! ¡Cuánto llanto amargo
por Rosalinda en tus mejillas flacas!
¡Vano llanto salobre que vertías
sazonando un amor poco sabroso!
El sol no ha disipado todavía
del cielo tus suspiros, y los viejos
gemidos aún resuenan en mi oído.
¡Mira, aquí, en tus mejillas, queda huella
de una lágrima antigua sin borrarse!
Si alguna vez llegaste a ser tú mismo
y eran tuyas las penas, tú y las penas
enteramente para Rosalinda

erais entonces. ¿Pero habrás cambiado?
Esta sentencia quiero que pronuncies:
«Si los hombres no tienen fortaleza,
caerán las mujeres.»

ROMEO.   Varias veces
mi amor por Rosalinda reprobaste.

FRAY LOR   Tu idolatría, no tu amor, culpaba.

ROMEO.   Que enterrase mi amor, me repetías.

FRAY LOR.   No dije que tu amor en una tumba
dejases para hacer que otro surgiera.

ROMEO.   No me riñas, te pido; la que amo
paga donaire con donaire y luego
paga amor con amor: no así la otra.

FRAY LOR.   Que tu amor recitaba de memoria
antes de que deletrear pudiese,
bien lo había advertido la muchacha.
Pero conmigo ven, mozo inconstante,
y te voy a ayudar por un motivo:
podrá ser esta alianza tan dichosa
que el antiguo rencor de vuestras casas
por vuestro amor se trueque en puro afecto.

ROMEO.   Vamos, pues, y mostremos diligencia.

FRAY LOR.   Con prudencia y con calma; los que corren
con mucha prisa, dan traspiés y caen.

ESCENA IV

Una calle

Entran Benvolio *y* Mercucio

Mercucio. — ¿Dónde diablos estará ese Romeo? ¿Anoche no fue a su casa?

Benvolio. — A la de sus padres, no. Hablé con su criado.

Mercucio. — ¡Ah! Esa pálida moza de corazón tan duro, esa Rosalinda, le atormenta de tal modo, que a buen seguro acabará por volverle loco.

Benvolio. — Teobaldo, el pariente del viejo Capuleto, le ha mandado una carta a casa de su padre.

Mercucio. — Un desafío, por mi vida.

Benvolio. — Romeo le responderá.

MERCUCIO. — Cualquiera que sepa escribir puede contestar una carta.

BENVOLIO. — No; responderá al autor de la carta como hay que responder a un desafío.

MERCUCIO. — ¡Ay, pobre Romeo! Bien muerto está: apuñalado por los negros ojos de una blanca muchacha; sus oídos atravesados por una canción de amor; tocado en el centro del corazón por la flecha del arquero niño y ciego. ¿Y es hombre para enfrentarse con Teobaldo?

BENVOLIO. — ¿Y quién es Teobaldo?

MERCUCIO. —Es más que el príncipe de los gatos, te lo aseguro. ¡Oh, es el valeroso capitán de los cumplidos! Se bate como tú cantas con solfa: va a compás, guarda distancia y medida; me descansa una mínima: una, dos y la tercera en el pecho; es el auténtico matador de los botones de seda, un duelista, un duelista de verdad, un caballero de alta alcurnia, de la primera y segunda causa (1). ¡Ah, el inmortal *passado!* ¡El *punto reverso!* ¡El *hai!*

BENVOLIO. — ¿El qué?

MERCUCIO. — ¡La peste de tales grotescos, ceceosos y afectados petimetres! ¡Esos nuevos reformadores del acento! «Jesús, ¡qué excelente espada! ¡Qué estatura de hombre! ¡Qué ramera de postín!» Vamos, abuelo, ¿no es lamentable que así nos molesten esos extraños moscones, esos fanáticos de la moda, esos *pardonnez-moi,* tan entusiastas de las formas nuevas que no se sientan a gusto en un banco viejo? ¡Oh, sus huesos, sus huesos!

---

(1) Shakespeare probablemente se refiere con ironía al abuso de los términos escolásticos. (N. del T.)

BENVOLIO. — Aquí viene Romeo, aquí viene.

MERCUCIO. — Vacío como un arenque seco. ¡Oh carne, oh carne, cómo te has vuelto pescado! Ahora se preocupa de las rimas que alimentaban a Petrarca. Laura, ante su dama, es una fregona, pero tuvo un amante más hábil para encumbrarla en sus versos; Dido, una zafia; Cleopatra, una gitana; Helena y Hero, cobardes y rameras; Tisbe tenía ojos grises o algo parecido; pero esto poco importa. *Signor* Romeo, *bonjour!* Es un saludo francés para vuestras calzas a la francesa. Y anoche nos disteis esquinazo, a la francesa.

ROMEO. — Buenos días a los dos. Pero, ¿qué esquinazo os di?

MERCUCIO. — En la forma de despediros, señor, en la forma de despediros. ¿Me entendéis?

ROMEO. — *Pardon,* mi buen Mercucio; tenía un asunto muy importante, y, en un caso como el mío, cualquiera puede descuidar la cortesía.

MERCUCIO. — Tal como decís, en tal caso como el vuestro uno debe doblarse por las corvas.

ROMEO. — O sea: hacer una reverencia.

MERCUCIO. — Lo acertasteis amablemente.

ROMEO. — Una explicación muy cortés.

MERCUCIO. — Es que soy el auténtico modelo de la cortesía.

ROMEO. — Querréis decir la flor.

MERCUCIO. — Exacto.

ROMEO. — ¿Por qué, entonces, llevo flores en mi calzado?

MERCUCIO. — ¡Buen ingenio! Ahora seguidme esta broma

hasta que se desflore vuestro calzado, que, cuando hayáis gastado la suela, seguirá la broma, única y singular.

ROMEO. — ¡Oh chiste de una sola suela, singular por ser único! (1).

MERCUCIO. — Ponte entre los dos, buen Benvolio, que mi ingenio languidece.

ROMEO. — Látigo y espuelas, látigo y espuelas; o voy a gritar: «Empate».

MERCUCIO. — Si vuestro ingenio quiere imitar la caza de los gansos silvestres, no juego; porque, en cierto sentido, tenéis mucho más de pato silvestre que yo, lo garantizo. ¿Me llamabais para hacer el ganso?

ROMEO. — No hace falta: ya tenéis bastante vocación de ganso.

MERCUCIO. — Por esa respuesta mereceríais un tirón de orejas.

ROMEO. — No, buen gusano, no me importunéis.

MERCUCIO. — Vuestro ingenio es una camuesa muy amarga, y una salsa picante.

ROMEO. — ¿No es la salsa apropiada para comer un buen ganso?

MERCUCIO. — Es ingenio de piel de cabrito; que si tiras de él, de una pulgada pasa a tener el ancho de un alna (2).

ROMEO. — Tiraré de vos por esa palabra, «ancho», que, añadida a ganso, significa que sois un ganso de lo más rollizo.

MERCUCIO. — ¿Y qué? ¿No vale más eso que ir gimiendo

_____

(1) Aquí, como en otros pasajes en prosa, el texto es oscuro, posiblemente debido a que el autor alude a chistes, refranes o frases hechas de la época.
(2) Alna: medida equivalente a 45 pulgadas.

73

de amores? Ahora sois Romeo, ahora sois sociable; ahora os mostráis tal como en el fondo sois, tanto por vuestra educación como por vuestra naturaleza. Porque ese amor fatuo es como un gran idiota que corretea arriba y abajo buscando un agujero donde esconder su varilla de bufón.

BENVOLIO. — ¡Basta ya, basta!

MERCUCIO. — Quieres hacerme callar cuando todavía queda el rabo de mi cuento.

BENVOLIO. — De no ser así, se hubiera alargado mucho tu historia.

MERCUCIO. — Te equivocas; yo lo hubiera cortado; porque mi cuento llegaba ya a su punto culminante y me indicaba que no debía prolongar más el argumento.

ROMEO. — ¡Aquí hay buena tela!

Entran la NODRIZA *y* PEDRO

MERCUCIO. — ¡Una vela, una vela!

BENVOLIO. — ¡Dos, dos! ¡Camisa y camisón!

NODRIZA. — ¡Pedro!

PEDRO. — ¿Qué?

NODRIZA. — Mi abanico, Pedro.

MERCUCIO. — Dáselo, buen'Pedro, para esconderse la cara; porque es más hermoso el rostro del abanico.

NODRIZA. — Buenos días os dé Dios, caballeros.

MERCUCIO. — Buenas tardes os dé Dios, hermosa dama.

NODRIZA. — ¿Ya hay que decir buenas tardes?

MERCUCIO. — No son menos, os lo aseguro; la impúdica manecilla del reloj está tocando el punto del mediodía.

NODRIZA. — ¡Marchaos! ¿Qué clase de hombre sois?

ROMEO. — Un hombre, señora mía, que Dios crió para que él mismo se hunda.

NODRIZA. — ¡A fe que está bien dicho! ¡«Para que él mismo se hunda», dice! Caballeros, ¿alguno de vosotros puede decirme dónde encontraría al joven Romeo?

ROMEO. — Yo puedo decíroslo; pero el joven Romeo será más viejo cuando le encontréis que cuando preguntabais por él. Soy el más joven de ese nombre, a falta de otro peor.

NODRIZA. — Decís bien.

MERCUCIO. — ¿Sí? ¿Está bien empleado «peor»? ¡A fe mía que os parece muy bien! ¡Sabiamente, sabiamente!

NODRIZA. — Si vos sois él, señor, deseo deciros algo confidencial.

BENVOLIO. — Le invitará a alguna cena.

MERCUCIO. — ¡Una alcahueta, una alcahueta, una alcahueta! ¡Ea! ¡Hala!

ROMEO. — ¿Qué encontraste?

MERCUCIO. — Ninguna liebre, señor; a no ser que sea una liebre en una empanada cuaresmal, que se pasa y se vuelve rancia antes de terminarla.

(Se pasea entre ellos y canta.)

Una liebre ya vieja y blanquecina,
una liebre ya vieja y blanquecina,
en tiempo de Cuaresma es buen manjar;
pero, aunque un banquete de veinte se celebre,
sobrará mucha carne de la liebre
si la ven blanquecina, mohosa, al empezar.

¿Iréis, Romeo, a casa de vuestro padre? Iremos allí a cenar.

ROMEO. — Os acompañaré luego.

MERCUCIO. — ¡Adiós, vieja señora! ¡Adiós! (*Canta.*) ¡Señora, señora, señora!

(*Salen* MERCUCIO *y* BENVOLIO.)

NODRIZA. — Os ruego que me digáis, señor, quién es ese mercader de insolencias que está tan ufano con sus truhanerías.

ROMEO. — Un caballero, nodriza, que gusta escucharse mientras habla, y que habla más en un minuto que lo que escucha durante un mes.

NODRIZA. — Si dice algo contra mí, me las va a pagar, aunque fuera más hombrón de lo que es, y veinte de su calaña. Y si yo no pudiera, ya encontraré quien pueda con él. ¡Pícaro bergante! Yo no soy ninguna de sus mujerzuelas ni ninguno de sus piojosos camaradas. (*Dirigiéndose a Pedro.*) ¿Y tú te quedas así, alelado, y toleras que cualquier caballerete me trate a su antojo?

PEDRO. — No he conocido aún a ningún hombre que te tratara a su antojo. Si lo hubiese encontrado, te aseguro que en seguida hubiera sacado mi arma. Desenvaino tan pronto como cualquiera, si presiento la ocasión de una buena pelea y tengo la ley de mi parte.

NODRIZA. — ¡Válgame Dios! Que ahora estoy tan enojada que toda mi carne tiembla. ¡Pícaro bergante…! Permitidme, señor, una palabra. Como os decía, mi joven señora me ha encargado que os buscara; pero lo que me mandó que os dijera, eso me lo guardaré.

Ante todo, dejadme que os diga que si la condujeseis al paraíso de los tontos, como suele decirse, sería un proceder indigno, como suele decirse; porque la damita es joven, y, por tanto, si la engañaseis, en verdad que sería una cosa muy mal hecha, teniendo en cuenta que es una gentil dama, y eso sería un comportamiento muy bajo.

ROMEO. — Nodriza, encomiéndame a tu señora y dueña. Protesto ante ti...

NODRIZA. — Tenéis buen corazón, y a fe que he de decírselo. ¡Señor, Señor! ¡Qué alegría tendrá!

ROMEO. — ¿Qué le dirás, nodriza? Prescinde de lo que dije.

NODRIZA. — Le diré, señor, que habéis protestado, lo cual, según me parece, es una oferta muy digna.

ROMEO. — Dile que esta tarde busque la manera de ir a confesarse, y así, en la celda de fray Lorenzo, éste la confesará y la desposará. Toma, por tu trabajo.

NODRIZA. — ¡De ninguna manera, señor! ¡Ni un penique!

ROMEO. — ¡Anda, debes tomarlo!

NODRIZA. — ¿Esta tarde, señor? Bien, ella estará allí.

ROMEO.   De la abadía tras la tapia espera,
           que dentro de una hora mi criado
           te llevará unas cuerdas en escala
           ya preparadas, que hasta la alta cima
           de mi ventura, en la secreta noche,
           habrán de conducirme. Adiós te digo;
           que seas fiel: tendrás tu recompensa.
           ¡Adiós y me encomiendas a tu ama!

NODRIZA. — ¡Que el Dios de los cielos os bendiga! Escuchad, señor.

ROMEO. — ¿Qué deseas, querida nodriza?

NODRIZA. — ¿Es de confianza vuestro criado? ¿No habéis

oído contar que dos guardan un secreto si uno lo ignora?

ROMEO. — Te garantizo que mi criado es tan fiel como mi acero.

NODRIZA. — Bien, señor. Mi señorita es la mujer más linda... ¡Señor, Señor! Cuando era una pequeña platicona... En la ciudad hay un noble caballero, un tal Paris, que por su gusto entraría al abordaje; pero ella, alma buena, prefiere ver a un sapo, a un auténtico sapo, antes que a él. Algunas veces la enojo diciéndole que Paris es el hombre apropiado; pero, os lo aseguro, cuando se lo digo se pone tan amarilla como pueda serlo cualquier pañal en el universo mundo. ¿No empiezan romero y Romeo con una misma letra?

ROMEO. — Sí, nodriza; ¿por qué lo dices? Ambos con una erre.

NODRIZA. — ¡Ah, burlón! Ése es el nombre del perro. La erre es para él... No, empieza con otra letra. Pues de eso, de vos y del romero, ha inventado mi señorita unas sentencias tan lindas, que os sería muy agradable oírlas (1).

ROMEO. — ¡Encomiéndame a tu señora!

NODRIZA. — Sí, mil veces. ¡Pedro!

PEDRO. — ¡Voy!

NODRIZA. *(Entregándole el abanico.)* — Marcha delante, Pedro, y aprisa. *(Salen.)*

---

(1) Pasaje oscuro, lleno de alusiones y de sobrentendidos propios del lenguaje popular.

ESCENA V

Jardín de Capuleto

Entra Julieta

JULIETA. Cuando envié la nodriza eran las nueve
y prometió volver en media hora;
quizá no puede hallarle... No, no es eso.
¡Esa mujer es coja! Los heraldos
del amor han de ser los pensamientos,
que aventajan, diez veces más veloces,
a los rayos del sol cuando ahuyentan
las sombras que oscurecen las colinas.
Por ello las palomas de alto vuelo
conducen al amor, y tiene alas

tan raudas como el viento el dios Cupido.
Ha alcanzado ya el sol el punto máximo
del curso cotidiano y van tres horas,
de las nueve a las doce, interminables.
Todavía no ha vuelto la nodriza.
Si ella sintiese amor y sangre ardiente
de juventud moverse por sus venas,
sería rauda como una pelota;
la hubieran impulsado mis palabras
hacia mi dulce amor, mientras las suyas
hacia mí la trajeran. Mas son muchos
los viejos que parecen estar muertos:
van cachazudos, pálidos y torpes,
pesados como el plomo.

Entran la NODRIZA *y* PEDRO

      ¡Oh Dios, ya viene!
Dulce nodriza, ¿qué noticias traes?
¿Le encontraste por fin? Que Pedro salga.

NODRIZA. Aguarda cerca de la puerta, Pedro.

(Sale PEDRO.*)*

JULIETA. Pues ¿qué ocurre, mi buena y dulce ama?
¿Por qué estás triste? Y aunque tristes sean
las noticias que traes, anda, dímelas
con cara jubilosa; si son gratas,
estropeas la música que tienen
las buenas nuevas con tu cara hosca.

NODRIZA. Estoy cansada, déjame un momento.
¡Ay qué dolor, mis huesos! ¡Cuánto anduve!

JULIETA.   ¡Tuvieras tú mis huesos, yo tus nuevas!
             ¡Anda, te ruego por favor que hables,
             bonísima nodriza! ¡Dime, dime!
NODRIZA.   ¡Jesús, qué prisa! ¿No esperáis un poco?
             ¿No veis que me he quedado sin aliento?
JULIETA.   ¿Cómo estás sin aliento si lo tienes
             para decirme que te falta aliento?
             La excusa que me das por tu demora
             más larga es que lo que estás callando.
             ¿Buenas o malas nuevas? ¡Anda, dime!
             Dime una cosa u otra, y con paciencia
             los pormenores estaré aguardando.
             ¡Compláceme por fin! ¿Buenas o malas?
NODRIZA. — ¡Pues sí que habéis escogido a la ligera! ¡No
             sabéis elegir marido, no! ¡Romeo! No, no ha de ser
             él. Aunque sus rasgos sean más perfectos que los de
             otros hombres, sus piernas aventajan a las de los de-
             más; y en cuanto a las manos y a los pies y al cuerpo
             en su conjunto, aunque no debería hablar de ello,
             son incomparables. No es la flor de la cortesía, pero
             aseguraría que es dulce como un cordero. ¡Sigue tu
             destino, muchacha! ¿Habéis comido ya en casa?
JULIETA.   No, no. Mas ya sabía todo eso.
             Él, ¿qué dice de nuestro matrimonio?
NODRIZA.   ¡Señor, cómo me duele la cabeza!
             ¡Y qué cabeza tengo! Me retumba
             cual si fuera a caerse en veinte trozos.
             ¡Mi espalda en este lado! ¡Ay de mi espalda!
             Mal corazón tenéis porque me enviasteis
             a ganarme la muerte por fatiga.
JULIETA.   De veras que me duele el verte mala.
             ¡Ay mi buena, bonísima nodriza!

¿Qué te dijo mi amor? Cuéntalo al punto.

NODRIZA. — Vuestro amor dice, como honrado caballero,
cortés, amable, apuesto y, lo juraría, como virtuoso...
¿Dónde está vuestra madre?

JULIETA. — ¿Qué? ¿Dónde está mi madre? Estará dentro.
¿Y dónde habrá de estar? Extraña forma
de responderme: «Vuestro amor se expresa
como un honrado caballero y dice:
¿Dónde está vuestra madre?»

NODRIZA.   ¡Oh Virgen Santa!
¿Tan amoroso estáis? ¡Idos, os digo!
¿Con este emplasto mis dolidos huesos
queréis curar? De ahora en adelante
vuestros mensajes llevaréis vos misma.

JULIETA. ¡Qué lío! Y mi Romeo, ¿qué te ha dicho?

NODRIZA. ¿Y para confesaros tenéis venia?

JULIETA. La tengo.

NODRIZA. Id a ver en seguida a fray Lorenzo
y encontraréis marido que os aguarda,
dispuesto ya a tomaros por esposa.
La sangre loca os sube a las mejillas
y lo que oiréis después las pondrá rojas.
¡A la iglesia! Yo voy por otro lado
a buscar la escalera preparada
para que vuestro amor suba hasta el nido
de pájaros apenas oscurezca.
Yo soy el ganapán: mucho me afano
por vuestra dicha, pero ya muy pronto
la carga llevaréis: ya en esta noche.
Yo a comer. Y a la celda vos, de prisa.

JULIETA. ¡Me voy en busca de la gran ventura!
¡Adiós y hasta muy pronto, buena ama!

ESCENA VI

Celda de FRAY LORENZO

Entran FRAY LORENZO y ROMEO

FRAY LOR. Gozoso el cielo acoja este acto santo
y que nunca con pena nos reprochen
los siglos venideros lo que hicimos.

ROMEO. ¡Amén, amén! Que vengan amarguras
y no podrán quitarme todo el júbilo
que da un solo minuto de mirarla.
Con palabras sagradas nuestras manos
debes juntar. La muerte, que devora
al amor, haga luego lo que guste.
Bástame a mí poder llamarla mía.

FRAY LOR. Estos goces violentos pronto acaban

con violencia y triunfando se disipan,
iguales a la pólvora y al fuego,
que sólo con besarse se consumen.
La dulcísima miel nos empalaga
con su propio dulzor, tan concentrado,
y al gustarla nos quita el apetito.
Amad, por tanto, moderadamente;
el amor perdurable así lo hace;
y piensa que igualmente se retardan
los que andan despacio o muy de prisa.

Entra JULIETA

Aquí está nuestra dama. Su pie ágil
no ha de gastar jamás las duras losas.
Cualquier enamorado, sin caerse,
podría cabalgar en los sutiles
filamentos que flotan en la brisa
que retoza en verano. ¡Tan ligera
es la ilusión de todo enamorado!

JULIETA. ¡A mi querido confesor Dios guarde!
FRAY LOR. Romeo por los dos te dé las gracias.
JULIETA. Le saludo también, que de otro modo
su cortesía no sabré pagarle.
ROMEO. ¡Ah Julieta! Si acaso, como el mío,
tu gozo la medida ya ha colmado
y sabes expresarlo con más arte,
con tu aliento perfuma el aire en torno,
deja que tu garganta, rica en música,
la soñada ventura cuente, ahora
ya alboreando en este dulce encuentro.
JULIETA. Más rico en lo profundo el pensamiento

que en las palabras, en su esencia goza
más que en su ornato. Y todos los que pueden
calcular sus tesoros son mendigos;
pero mi fiel amor hasta tal punto
ha crecido, que ya no me es posible
contar ni la mitad de mis riquezas.

FRAY LOR.   Venid conmigo: el acto será breve;
y con vuestro permiso, aquí me quedo,
pues no os dejaré solos hasta tanto
la Iglesia os haya unido: dos en uno.

ACTO TERCERO

ESCENA PRIMERA

Una plaza pública

Entran Mercucio, Benvolio, *un* Paje y Criados

BENVOLIO.　Vámonos, te lo ruego, buen Mercucio.
El día es caluroso; habrán salido
los Capuletos. Si nos encontramos
no se podrá evitar una refriega,
pues ahora, en los días de bochorno,
la sangre, más frenética, se agita.

MERCUCIO. — Tú eres como uno de esos muchachos que, al cruzar el umbral de una taberna, golpean la mesa con su espada diciendo: «¡Quiera Dios que no haya de echarte mano!», y, por obra de la segunda copa, la desenvainan contra el escanciador, cuando, en realidad, no había necesidad de ello.

BENVOLIO. — ¿Yo soy un tipo de ésos?

MERCUCIO. — ¡Vamos, vamos! Tú eres tan fogoso como un Jack (1), enfurecido, como el más impulsivo en Italia; y por nada provocas para encolerizarte, igual que encolerizas para ser provocado.

BENVOLIO. — ¿Cómo es eso?

MERCUCIO. — Sí; y de haber dos como tú, pronto no tendríamos a ninguno de los dos, pues se matarían mutuamente. ¡Tú! ¡Vaya! Te pelearías con un hombre porque tuviese un pelo más o menos que tú en la barba. Te pelearías con cualquiera que cascara avellanas sólo porque tus ojos son del color oscuro de las avellanas. ¿Qué ojos, sino los tuyos, hallarían motivo para tal pelea? Tu cabeza está tan llena de querellas como un huevo de sustancia; y, sin embargo, con tantas riñas y golpes, la cabeza se te ha puesto como un huevo podrido. Te peleaste con uno que tosía en la calle porque despertó a tu perro que dormía tendido al sol. ¿No te disputaste con un sastre porque se puso el jubón nuevo antes de Pascua? ¿Y con otro porque se ataba los zapatos nuevos con cintas viejas? ¿Y eres tú el que quiere alejarme de las peleas?

BENVOLIO. — Si fuese tan dado a las pendencias como tú,

----

(1) Pendenciero, buscador de camorra.

cualquiera podría comprar mi vida, en propiedad, por cinco cuartos de hora.

MERCUCIO. — ¡En propiedad! ¡Qué cándido!

Entran TEOBALDO *y otros*

BENVOLIO. — ¡Por mi cabeza! Ahí vienen los Capuletos.

MERCUCIO. — ¡Por mis talones! ¡Poco me importan!

TEOBALDO. — Seguidme de cerca, que quiero hablar con ellos. ¡Buenas tardes, caballeros! Unas palabras con uno de vosotros.

MERCUCIO. — ¿Y sólo unas palabras con uno de nosotros? Acompañadlas con algo más. Unamos palabra y estocada.

TEOBALDO. — Me encontraréis dispuesto para ello, señor, si me dais ocasión.

MERCUCIO. — ¿Y no sabríais tomárosla sin que os la den?

TEOBALDO. — Mercucio, vos estáis concertado con Romeo.

MERCUCIO. — ¡Concertado! ¿Nos tomáis por músicos? Si nos consideráis músicos, preparaos a oír sólo disonancias. Aquí está mi arco de violín. ¡Él os hará bailar! ¡Voto a...! ¡Concertados!

BENVOLIO.　　Hablamos en un sitio concurrido;
　　　　　　　busquemos un lugar más apartado
　　　　　　　y en frío razonemos las ofensas
　　　　　　　que vosotros tenéis, o bien marchémonos;
　　　　　　　aquí todos los ojos nos espían.

MERCUCIO.　　¡Fueron hechos los ojos de las gentes
　　　　　　　para mirar! ¡Que miren poco importa!
　　　　　　　¡Por complacer a otro no me muevo!

Entra ROMEO

89

TEOBALDO.   La paz sea con vos, señor; ya llega
            mi mozo.

MERCUCIO.   ¡Que me ahorquen si es que luce
            vuestra librea! Si salís al campo
            os va a seguir. Podrá llamarle mozo
            en tal sentido vuestra señoría.

TEOBALDO.   La estima que te guardo sólo puede,
            Romeo, sugerirme estas palabras:
            tú eres un villano.

ROMEO.   Teobaldo,
            las causas que me mueven a apreciarte
            te excusan en gran parte del encono
            de tu saludo. ¡Yo no soy villano,
            y, por lo tanto, adiós! ¡No me conoces!

TEOBALDO.   ¡Imberbe! Así no excusas las ofensas
            que me hiciste. Detente y ponte en guardia.

ROMEO.   Protesto porque nunca te he injuriado;
            al contrario, te aprecio como nunca
            podrás imaginar, hasta que sepas
            la verdadera causa de mi afecto.
            Buen Capuleto, nombre que yo estimo
            como el que llevo yo, ya estás pagado.

MERCUCIO.   ¡Oh sumisión paciente y deshonrosa,
            y también vil! Habrá que decidirlo
            alla stocatta. (Desenvaina.) Teobaldo, eres
            un caza-ratas. ¿Cuándo bailaremos?

TEOBALDO. — ¿Qué deseáis de mí?

MERCUCIO. — Mi buen rey de los gatos, sólo deseo una de
            vuestras siete vidas, con la cual haré lo que se me
            antoje, y luego, según me tratéis, vapulearé las seis
            restantes hasta que se sequen. ¿Cogeréis vuestra es-
            pada por las orejas para sacarla de su vaina? ¡An-

dad listo, u os encontraréis la mía zumbando cerca
de vuestros oídos!

TEOBALDO. — ¡Estoy a vuestras órdenes! *(Desenvaina.)*

ROMEO. — ¡Gentil Mercucio, deteneos!

MERCUCIO. — ¡Hala, señor, vuestro *passado!* *(Combaten.)*

ROMEO.   ¡Desenvaina, Benvolio! ¡Desarmémoslos!
Caballeros, ¡qué oprobio!, reprimíos.
¡Teobaldo, Mercucio, nuestro Príncipe
prohibió expresamente las pendencias
en las calles y plazas de Verona!
¡Deténte, Teobaldo! ¡Buen Mercucio!

*(TEOBALDO hiere a MERCUCIO por debajo del
brazo de ROMEO y huye con sus amigos.)*

MERCUCIO.   Estoy herido. ¡Mala peste alcance
a vuestros dos linajes! Ya estoy listo.
Y el otro, ¿se marchó sin un rasguño?

BENVOLIO.   ¿Qué? ¿Estás herido?

MERCUCIO.   Es sólo un arañazo;
un arañazo, para mí es bastante.
¿Y dónde está mi paje? Ve, granuja,
búscame un cirujano a toda prisa.

(Sale el PAJE.)

ROMEO.   ¡Tened valor, la herida es poca cosa!

MERCUCIO. — No, ni es tan profunda como un pozo, ni tan
ancha como un portal de iglesia; pero ya es bastante. Ya producirá su efecto. Preguntad por mí mañana y me encontraréis dispuesto para el sepulcro. Os
aseguro que para este mundo ya estoy listo. ¡Que la

peste alcance a vuestros dos linajes! ¡Voto va! Un perro, un ratón, una rata, un gato... para matar así a un hombre, ¡de un arañazo! ¡Un perdonavidas, un tunante, un granuja que se bate según las reglas de la aritmética! ¿Por qué diablos os habéis interpuesto entre los dos? ¡Me hirió por debajo de vuestro brazo!

ROMEO. — ¡Mi intención fue buena!

MERCUCIO. ¡A entrar en el portal de alguna casa
ayúdame, Benvolio, o desfallezco!
¡La peste para vuestras dos familias!
¡Por su causa soy carne de gusanos!
¡Ya la cogí y de veras! ¡Vuestras casas!

(Salen MERCUCIO *y* BENVOLIO.*)*

ROMEO. A este hidalgo, muy próximo pariente
del Príncipe, y mi amigo muy querido,
le han herido de muerte en mi defensa.
¡Manchado está mi honor con las injurias
de Teobaldo! Y sólo hace una hora,
¡oh mi Julieta!, que éste es primo mío.
¡Ah, tus hechizos me han afeminado
y la acerada fuerza de mi temple
se ha ablandado!

Vuelve a entrar BENVOLIO

BENVOLIO. ¡Romeo! ¡Ya no existe
nuestro bravo Mercucio! ¡Aquel espíritu
gentil que tantas veces hizo burla
de la tierra ha subido hacia las nubes!

ROMEO.   ¡El hado tenebroso de este día
         a mis días futuros va a extenderse!
         ¡Ha comenzado hoy mismo el infortunio
         y otros días habrán de coronarlo!

Vuelve a entrar TEOBALDO

BENVOLIO. ¡Teobaldo, el furioso, ya retorna!
ROMEO.   ¡El victorioso! ¡Mas Mercucio ha muerto!
           ¡Que se vuelva a los cielos mi templanza:
           la furia de mis ojos encendidos
           dirija mi conducta! ¡Teobaldo,
           te devuelvo el «villano» que hace poco
           me dijiste; que el alma de Mercucio
           sobre nuestras cabezas sobrevuela
           y espera que la tuya le acompañe!
           ¡O tú o yo, o los dos, con él iremos!
TEOBALDO. ¡Tú, necio, que con él hacías grupo
           irás con él!
ROMEO.   La espada lo decida.

(Se baten y TEOBALDO *cae.)*

BENVOLIO. ¡Romeo, vete, huye! ¡Los vecinos
           se acercan! ¡Teobaldo muerto yace!
           ¡No estés anonadado! ¡Si te cogen,
           tu sentencia de muerte dará el Príncipe!
           ¡Huye de aquí! ¡Venga! ¡De prisa! ¡Vámonos!
ROMEO.   Soy bufón del destino.
BENVOLIO.   ¿Y aún te quedas?

*(*ROMEO *sale.)*

Entran ciudadanos

CDNO. 1.º ¿Por dónde ha huido el que mató a Mercucio?
          ¿Dónde está Teobaldo, ese asesino?
BENVOLIO. ¡Yace ahí Teobaldo!
CDNO. 1.º   ¡Pues seguidme!
          ¡Obedeced: el Príncipe os lo manda!

Entran el PRÍNCIPE *con su séquito,* MONTESCO,
   CAPULETO, *sus esposas y otros*

PRÍNCIPE. ¿Dónde están los autores del tumulto?
BENVOLIO. De esta riña fatal puedo contaros
          el curso infortunado, ¡oh noble Príncipe!
          Mató Romeo al hombre que aquí yace,
          y éste al bravo Mercucio, vuestro deudo.
LADY CAP. ¡Mi primo (1) Teobaldo! ¡Y es el hijo
          de mi hermano! ¡Ay esposo! ¡Ay mi buen
                                          [Príncipe!
          ¡Oh sangre de mi deudo derramada!
          Ya que sois justo, Príncipe, la sangre
          de los Montescos pague nuestra sangre.
          ¡Oh primo, oh primo mío!
PRÍNCIPE.   Di, Benvolio,
          ¿quién ha empezado esta sangrienta lucha?
BENVOLIO. El que yace cadáver, Teobaldo,
          a quien mató la mano de Romeo.
          Romeo con dulzura le decía
          que era fútil la causa del combate
          y que además os causaría enojo.

_____
(1) Así dice el original, aunque, por el contexto, debiera decir «sobrino». — *N. del T.*

94

Todo fue dicho con acento afable,
con faz serena y compostura humilde,
pero no pudo conseguir la tregua
a causa del rencor de Teobaldo;
y éste, sordo a la paz, arremetía
con su acero desnudo contra el pecho
del valiente Mercucio, que, en su furia,
con un golpe mortal paga otro golpe,
y, con marcial desdén, con una mano
la fría muerte aparta, y con la otra
devuelve a Teobaldo la estocada,
que la rechaza al punto con destreza.
Romeo exclama con voz recia: «¡Amigos!
¡Conteneos, amigos, separaos!»
Más raudo que su lengua su ágil brazo
las mortíferas puntas rinde al suelo
y entre los dos pugnaces se sitúa.
Por debajo del brazo de Romeo,
traidoramente, con una estocada,
Teobaldo al intrépido Mercucio
quita la vida y en seguida huye;
mas pronto vuelve, cuando ya Romeo
tiene sed de venganza, y al desquite
se arrojan con la furia del relámpago.
Y antes que yo, desenvainando, intente
interponerme, Teobaldo ha muerto.
Y huyó Romeo al verle derribado.
Si ésta no es la verdad, Benvolio muera.

LADY CAP.   ¡De los Montesco es un pariente próximo!
¡No dice la verdad, pues por afecto
la ha de ocultar mintiendo! ¡Más de veinte
en este negro lance han combatido,

	y entre todos los veinte sólo un hombre
	han podido matar! ¡Pido justicia,
	que haréis cumplir, oh Príncipe! ¡Romeo
	dio muerte a Teobaldo! ¡Que lo pague!

PRÍNCIPE.   Mató Romeo a Teobaldo y éste
            ha matado a Mercucio. Mas, ¿quién paga
            el precio de una sangre tan preciosa?

MONTESCO.   Y no va a ser, ¡oh Príncipe!, Romeo
            amigo de Mercucio; su delito
            ha anticipado el fallo de los jueces
            al arrancar la vida a Teobaldo.

PRÍNCIPE.   Le castigo al destierro desde ahora.
            ¡Me preocupa el cariz de vuestros odios,
            pues se vierte mi sangre en vuestras luchas;
            pero os voy a imponer penas tan fuertes,
            que de verdad vais a sentir mi pérdida! (1)
            Seré sordo a los ruegos y disculpas;
            ni los abusos taparéis con llantos.
            Pues no uséis esos medios. ¡Que Romeo
            se marche muy aprisa o, de otro modo,
            si le encuentran, va a ser su última hora!
            ¡Llevaos ese cuerpo y guardad siempre
            mi voluntad! ¡Es todo un asesino
            la clemencia si absuelve al que ha matado!

---

(1) Es decir, la pérdida de un pariente próximo del príncipe.

ESCENA II

Jardín de CAPULETO

Entra JULIETA

JULIETA. ¡Corred, corceles de los pies flamígeros,
a la mansión de Febo! Si un auriga,
igual que Faetón, os fustigase,
os llevaría hasta el ocaso: al punto
volvería de allí con las tinieblas.
¡Corre, oh noche, tu espeso cortinaje,
tú que al amor proteges! ¡Que se cierren
ojos inoportunos y Romeo
vuele a mis brazos y lo ignoren todos!
Para cumplir sus ritos amorosos,
les basta con la luz de sus hechizos

7.—La tragedia de Romeo y Julieta

a los amantes; si el amor es ciego,
mejor se aviene con la noche. ¡Vente,
noche afable, matrona toda en luto,
y, cuando un juego está ganado, enséñame
la forma de perderlo: los que juegan
son dos amantes vírgenes, sin mácula!
Encubre con tu manto ennegrecido
la sangre virgen que a mi rostro afluye,
hasta que el amor tímido se atreva
y vea en el afecto verdadero
un signo de lo casto y lo sencillo.
¡Ven, noche; ven, Romeo, tú que eres
día en la noche! Encima de las alas
de la noche tendrás mayor blancura
que la nieve reciente que se posa
en el dorso de un cuervo. ¡Gentil noche,
ven, amorosa, con la negra frente,
y dame a mi Romeo! Y cuando expire,
divídelo en estrellas diminutas,
y él hará que la faz del firmamento
se vuelva más hermosa, y todo el mundo
va a estar enamorado de la noche
y no rendirá culto al sol brillante.
Un alcázar de amor tengo comprado
y aún no lo poseo. Me he vendido,
pero no puedo aún llamarme suya.
Me parece este día, tan tedioso,
la víspera de fiesta, cuando el niño
está impaciente porque no le dejan
estrenar los vestidos recién hechos.

Entra la NODRIZA *con unas cuerdas*

	¡Ya llega la nodriza con noticias!
	¡No hay lengua, si me habla de Romeo,
	que elocuencia celeste no posea!
	¿Qué nuevas hay, nodriza? ¿Ahí qué traes?
	¿Las cuerdas que Romeo te pedía?
NODRIZA.	Sí, sí, las cuerdas. (*Las arroja al suelo.*)
JULIETA.	¡Ay de mí! ¿Qué ocurre?
	¿Por qué, dime, las manos te retuerces?
NODRIZA.	¡Oh día infortunado! ¡Ha muerto, ha muerto!
	¡Sin remedio, perdidas, mi señora!
	¡Maldito día! ¡Ha muerto, ya no existe!
	¡Se ha ido para siempre!
JULIETA.	¿Tan crueles
	serán los cielos?
NODRIZA.	Y aunque no lo sean,
	Romeo sí lo es. ¡Ay de Romeo!
	¿Y quién jamás lo hubiera imaginado?
	¡Ay Romeo!
JULIETA..	¿Qué clase de demonio
	eres tú, que así quieres afligirme?
	¡Pues debiera expresarse esta tortura
	tan sólo con rugidos del infierno!
	¿Romeo se mató? Di: «sí» y me basta,
	y esas dos letras puras más ponzoña
	tendrán que el ojo de los basiliscos,
	que da la muerte. Pues si el «sí» es de veras
	dejaré de ser yo; voy a ser otra
	si aquellos ojos por los que respondes
	tu «sí» ya están cerrados para siempre.
	«Sí» contesta si ha muerto; «no» si vive;
	que esos breves sonidos sean causa
	de mi dicha o dolor.

NODRIZA.   ¡Yo vi la herida!
¡Yo vi la herida con mis propios ojos!
¡Dios nos libre de ella! ¡Aquí en su pecho
tan varonil! ¡Un muerto que da lástima,
sí, lastimoso y en su sangre tinto;
su palidez igual que la ceniza,
todo bañado en sangre y en coágulos!
¡Al verlo tuve un desvanecimiento!

JULIETA.   ¡Oh corazón, estalla! Infortunado,
¡estalla de una vez! ¡Que os encarcelen,
ojos que nunca más vais a ser libres!
¡Oh tierra vil, vuelve a ser pronto tierra!
¡Que la misma y pesada sepultura
a mí y a mi Romeo nos oprima!

NODRIZA.   ¡Oh mi mejor amigo, Teobaldo!
¡Oh leal y galante caballero!
¡Que para verte muerto haya vivido!

JULIETA.   ¿Qué tempestad es ésa, tan contraria?
¿Romeo y Teobaldo asesinados?
¿Mi amado primo y mi señor querido?
Pues entonces, trompeta pavorosa,
al Juicio Final pregona al punto.
¿Quién podría vivir si ellos han muerto?

NODRIZA.   ¡Ha muerto Teobaldo y al destierro
su matador Romeo es condenado!

JULIETA.   ¿Sangre de Teobaldo fue vertida
por mano de Romeo?

NODRIZA.   ¡Verdad dices!
¡Malhaya el día! ¡Sucedió de veras!

JULIETA.   ¡Oh corazón de sierpe que se esconde
bajo un rostro de flores! ¿Cuándo tuvo
el dragón una cueva más hermosa?

¡Bello tirano, angelical demonio!
¡Cuervo que ostenta plumas de paloma!
¡Cordero como un lobo de rapiña!
¡Sustancia vil de célica semblanza!
¡Lo contrario de aquellas apariencias!
¡Santo maldito, malhechor honrado!
Pero, ¿qué hacías tú, Naturaleza,
en los infiernos, cuando así encerraste
en el Edén mortal de un cuerpo lleno
de gracias el espíritu de un réprobo?
¿Qué libro así, con tanta vil materia,
fue nunca bellamente encuadernado?
¡Que el engaño se albergue en un alcázar
tan suntuoso!

NODRIZA.   ¡La verdad no existe
en los hombres, ni fe, ni honra ninguna:
hipócritas, perjuros, embusteros!
Mi paje, ¿dónde está? Dadme un poquito
del *aqua vitae,* pues estos disgustos,
estas penas y duelos me envejecen.
¡Sobre Romeo caiga la vergüenza!

JULIETA.   ¡Si esto dices, la lengua se te llague!
¡No fue engendrado para tal oprobio!
¡Sobre la frente de Romeo teme
posarse la vergüenza, porque es trono
donde el honor podría coronarse
único rey de todo el Universo!
¡Loca de mí que tanto le culpaba!

NODRIZA.   ¿Y hablarás bien de quien mató a tu primo?

JULIETA.   ¿Y puedo hablar yo mal del que es mi esposo?
¡Oh pobre señor mío! ¿Y habrá lengua
que tu nombre pronuncie con dulzura,

si yo, que soy tu esposa hace tres horas,
he injuriado ese nombre? Y di, villano,
¿es verdad que a mi primo has dado muerte?
Ese primo malvado, estoy segura,
que hubiera asesinado a mi marido.
¡Atrás, retroceded, lágrimas necias,
volved a vuestra fuente primitiva!
Son del dolor las gotas tributarias
que equivocadamente dais al gozo.
Vive mi esposo, aquel que Teobaldo
habría asesinado y que dio muerte
al que quiso matar a mi marido.
Esto me es un consuelo, y ¿por qué lloro?
Cierta palabra oí; fue más terrible
que el fin de Teobaldo, y me ha matado;
con gusto olvidaría tal palabra,
pero me oprime la memoria como
los horribles delitos cometidos
oprimen la conciencia del culpable:
«Ha muerto Teobaldo y al destierro
se ha marchado Romeo.» Esta palabra,
esta sola palabra, «desterrado»,
de diez mil Teobaldos fue la muerte.
Ya el fin de Teobaldo era penoso
si una desgracia sola hubiese sido;
mas si goza la amarga desventura
en ir acompañada y le es forzoso
reunirse con otros infortunios,
¿por qué no dijo: «Teobaldo ha muerto»
y «tu padre» o «tu madre» o «los dos juntos»,
y uno de tantos mi dolor sería?
Pero hablarme del fin de Teobaldo

añadiendo: «Destierran a Romeo»,
decirme estas palabras significa
que mi padre y mi madre, Teobaldo
y Romeo y Julieta han muerto todos.
«Romeo desterrado»... No hay medida,
no hay límite ni fin, no hay horizonte
en la muerte que entraña esta palabra,
ni hay acentos que expresen esta pena.
¿Mis padres dónde están? Dime, nodriza.

NODRIZA. Están llorando y gimen junto al cuerpo
de Teobaldo. ¿Vas allá? Te sigo.

JULIETA. ¡Que laven con sus lágrimas mis padres
las heridas mortales de mi primo!
Cuando agoten la fuente de sus lágrimas,
por Romeo, mi pobre desterrado,
las mías verteré. ¡Toma esas cuerdas!
¡Pobre escala de cuerda! Nos burlaron
a las dos, pues destierran a Romeo.
De mi lecho nupcial eras la ruta
(a tal fin te hizo él) y, sin embargo,
yo virgen moriré, viuda y doncella.
Venid, cuerdas; nodriza: voy al tálamo
nupcial donde a la muerte, no a Romeo,
de mi virginidad haré la ofrenda.

NODRIZA. Corred a vuestra estancia; sin demora
voy por Romeo para consolaros.
¡Sé dónde está! ¡Escuchadme! Vuestro esposo
vendrá aquí por la noche. Voy a verlo.
En la celda del fraile se halla oculto.

JULIETA. ¡Oh, encuéntralo! Y entregas este anillo
a mi fiel caballero mientras ruegas
que venga a darme aquí su adiós postrero.

ESCENA III

Celda de FRAY LORENZO

Entra FRAY LORENZO

FRAY LOR.   Romeo, ven acá. ¡Qué temeroso!
Se ha prendado de ti la desventura,
te has desposado con la mala suerte.

Entra ROMEO

ROMEO.   ¿Y qué noticias hay? ¿Qué manda el Príncipe?
¿Qué otro dolor, que aún no haya probado,
intenta conocerme?

FRAY LOR.   Mi buen hijo,
mucho tiempo has pasado en esa hosca

	compañía. Te traigo algunas nuevas
	de lo que, al fin, ha decidido el Príncipe.
ROMEO.	¿Qué menos podrá ser que ajusticiarme?
FRAY LOR.	Su fallo ha sido menos riguroso;
	no la muerte del cuerpo: su destierro.
ROMEO.	¡Destierro! ¡Por piedad! Dime «la muerte»,
	pues la faz del destierro es más terrible
	que la faz de la muerte. No se nombre.
FRAY LOR.	Mas sólo de Verona te han echado.
	Ten paciencia, que el mundo es espacioso.
ROMEO.	¡Más allá de los muros de Verona
	no existe el mundo, sino los tormentos,
	el purgatorio y el infierno mismo!
	¡Desterrado de aquí, lo estoy del mundo,
	y el destierro del mundo es ya la muerte!
	¡Luego el «destierro», bajo un nombre im-

[propio,

	es igual que la muerte! Pues llamando
	«destierro» a lo que es muerte, este pescuezo
	debes cortarme con un hacha de oro
	y sonríes del golpe que me mata.
FRAY LOR.	¡Oh pecado mortal! ¡Qué ingrato y rudo!
	La ley pena con muerte tu delito,
	mas la bondad del Príncipe te ayuda
	y, torciendo la ley que te condena,
	ese negro vocablo sustituye,
	y así, en vez de la muerte, es el destierro.
	Pero esta gran merced tú no agradeces.
ROMEO.	¡En vez de ser favor, eso es tortura!
	Aquí está el cielo porque está Julieta,
	y todo gato, perro y ratoncillo,
	por indigno que sea, cualquier cosa,

aquí vive en el cielo y puede verla;
pero Romeo, no. ¡Más importancia,
más honra y señoría que Romeo
tendrán las moscas entre podredumbres!
¡En el blanco milagro de la mano
de mi amada Julieta han de posarse;
y robarán mercedes infinitas
a sus labios, que, siempre ruborosos,
por su modestia virginal y dulce,
los recíprocos besos de ambos labios
consideran pecado! ¡Mas Romeo
es un extraño a todo, es un proscrito!
Pueden hacer las moscas tales cosas;
pero yo, ni intentarlo; he de alejarme,
pues soy un desterrado: ellas son libres.
¿Y aún dices que el destierro no es la muerte?
¿No tenías veneno, acero agudo,
cualquier medio de muerte, aunque mezquino,
para matar, más que la voz «destierro»?
«Destierro», tal palabra la pronuncian
los réprobos, ¡oh padre!, en el infierno
y la acompañan con sus alaridos.
¿Y tienes corazón tú, sacerdote
y santo confesor que nos absuelve,
y gran amigo, para lacerarme
pronunciando esa voz de «desterrado»?

FRAY LOR. ¡Oh loco enamorado, escucha un poco!
ROMEO   ¡Vas a hablarme de nuevo del destierro!
FRAY LOR. Voy a darte un arnés que te defienda
de esa palabra: es la filosofía
bálsamo dulce en las adversidades,
y, aunque proscrito, tu mejor consuelo.

ROMEO. ¡Otra vez con «proscrito»! Que se hunda
vuestra filosofía, a no ser que ella
una Julieta nueva pueda hacerme,
llevar una ciudad de un sitio a otro
o revocar lo que ha dispuesto un Príncipe;
si no es así, no sirve. ¡Y basta de eso!
FRAY LOR. ¡Ah! No tienen oído los dementes.
ROMEO. ¿Cómo van a tenerlo si los hombres
de más juicio ya no tienen ojos?
FRAY LOR. Permíteme que hablemos de tu estado.
ROMEO. De lo que no se siente no se habla.
Si fueras joven, y tu amor Julieta,
y te hubieses casado hace una hora
y hubieses dado muerte a Teobaldo;
si el amor te tuviese como loco
y, como a mí, te enviasen al destierro,
entonces sí, hablarías con motivo
y podrías mesarte los cabellos,
tirarte contra el suelo, como ahora
hago yo mientras tomo las medidas
anticipadamente de mi tumba.

(Llaman dentro.)

FRAY LOR. ¡Levántate y escóndete, que llaman!
ROMEO. No me escondo, a no ser que los suspiros
del corazón enfermo, como niebla
me oculten a los ojos de un extraño.

(Llaman.)

FRAY LOR. ¡Escucha cómo llaman! ¿Quién va? ¡Pronto,

107

levántate, que vienen a prenderte!
¡Aguardad un momento! ¡De pie, digo!

(Llaman.)

¡Corre al estudio! ¡Voy! ¡Dios nos ampare!
¡Qué necedad es ésa! ¡Voy al punto!

(Llaman.)

¿Quién llama así? ¿Quién es? ¿Y qué os ocu?
[rre?

NODRIZA. *(Dentro.)* Si me dejáis entrar sabréis qué traigo
de parte de Julieta, mi señora.

FRAY LOR. ¡Entonces, bienvenida!

Entra la NODRIZA

NODRIZA.   Santo fraile,
decidme, ¡oh santo fraile!, dónde aguarda
el señor de mi dama, el buen Romeo.

FRAY LOR. Beodo con su llanto, allí tendido.

NODRIZA. Igual que mi señora, el mismo estado
de turbación. ¡Igual que mi señora!

FRAY LOR. ¡Funesta semejanza y qué mal trance!

NODRIZA. Así yace Julieta y llora y gime,
y luego gime y llora. ¡Levantaos,
levantaos, señor, si sois un hombre!
¡Por amor de Julieta, por su estima,
levantaos y en pie! ¿Por qué postraros
en ese «¡oh!» profundo de tristeza?

ROMEO. ¡Ah, nodriza!

NODRIZA.   ¡Señor, señor, la muerte
                 todo lo acaba!

ROMEO.   ¿Me hablas de Julieta?
                 ¿Cómo está? ¿No me cree un asesino
                 de oficio que ha manchado nuestro gozo
                 en su nacer con sangre de los suyos?
                 ¿Dónde está? ¿Qué le pasa? ¿Qué te ha dicho
                 mi recatada esposa al referirse
                 a nuestro amor truncado?

NODRIZA.   No habla nunca,
                 ¡ah señor!, nada dice. Llora y llora.
                 Se desploma en el lecho, se levanta
                 y nombra a Teobaldo, pero luego
                 llama a Romeo y otra vez se postra.

ROMEO.   ¡Parece que este nombre, que es el mío,
                 disparado por un cañón mortífero,
                 la haya matado, igual que hizo la mano
                 maldita, a la que ampara el mismo nombre,
                 con su pariente! ¡Oh dime, fraile, dime!
                 ¿En qué vil parte de esta anatomía
                 mi nombre habita? ¡Dímelo, que quiero
                 aniquilar esta mansión odiosa!

                 (Desenvainando la espada.)

FRAY LOR.   ¡Detén tu diestra airada! ¿No eres hombre?
                 Tu figura proclama que lo eres,
                 pero el llanto que viertes es más propio
                 de una mujer; tus actos sin cordura
                 bien parecen la furia irreflexiva
                 que más que humana es propia de una bestia.
                 ¡Deformada mujer en forma de hombre!

¡Informe bestia a ambos parecida!
De veras me sorprendes. ¡Por mi hábito,
te creía más dado a la templanza!
¿Mataste a Teobaldo y ahora quieres
segar tu vida y repetir lo mismo
con la esposa gentil que por ti vive,
cargando con un odio condenado?
Contra tu origen, contra cielo y tierra
¿por qué te has levantado, cuando sabes
que los cielos, la tierra y el origen
se aúnan en tu ser compenetrados?
¡Y los quieres perder a los tres juntos!
¡Qué vergüenza! Envileces tu figura,
tu amor y tu talento; y, semejante
al usurero, en todo abundas menos
en usar esos dones realzando
tu talento, tu amor y tu figura.
Es de cera, no más, tu noble imagen
y del aliento varonil carece.
Tu tierno amor, por el que hiciste votos,
solamente es perjurio sin sentido
y da muerte al amor que prometiste
conservar en tu pecho para siempre.
Tu talento, que adorna tu figura
y tu amor, ha perdido ya el gobierno
de los dos; como pólvora en el frasco
de un soldado inexperto se ha inflamado
y con tus propias armas te mutila.
¡Ten valor, hombre! Tu Julieta vive:
aquella por la cual hace muy poco
hubieras muerto; buena suerte tienes.
Y quería matarte Teobaldo,

pero tú le mataste; bien tuviste
en esto buena suerte. Y si amenaza
la ley con exigir pena de muerte,
tú ganas su amistad y te conmuta
la muerte por destierro. Tienes suerte.
Sobre ti pesa un haz de bendiciones;
la suerte te corteja y va vestida
con sus mejores galas; sin embargo,
como una niña arisca y mal criada,
a tu fortuna y a tu amor acoges
con mal gesto. ¡Cuidado! ¡Ten cuidado!
Mal fin tiene quien obra de este modo.
Ve en busca de tu amor, según dijimos.
Sube a su estancia; vete y la consuelas,
pero procura no quedarte hasta
que la guardia esté alerta; de otro modo
no llegarás a Mantua, que es el sitio
donde residirás hasta que hallemos
el momento oportuno de hacer público
el matrimonio y conseguir las paces
entre vuestras familias, y del Príncipe
obtener el perdón, y hacer que vuelvas
varios miles de veces más gozoso
que cuando te marchaste entristecido.
Ve delante, nodriza; mis respetos
a tu señora, y dile que dé prisa
para que vayan a acostarse todos,
lo que va a serles fácil, porque pesa
la tristeza en sus hombros. Y Romeo
a poco va a seguirte.

NODRIZA.   ¡Oh señor mío!
Esta noche con gusto escucharía

	vuestros buenos consejos sin moverme.
	A mi dueña diré que vais a verla.
ROMEO.	Sí, y mi amor que a reñirme se disponga.
NODRIZA.	Ella me dio este anillo y os lo entrego.
	Daos prisa, señor, que es ya muy tarde.

(Sale.)

ROMEO.	Esto ¡cómo devuelve mi esperanza!
FRAY LOR.	¡Buenas noches, y vete! Te recuerdo
	tu situación: o escapas poco antes
	de que monten la guardia o, disfrazado,
	sales al alba. Has de vivir en Mantua.
	Sabré cómo encontrar a tu escudero
	y a menudo tendrás por él noticias
	de lo que ocurra aquí, si es buen suceso.
	Dame la mano. ¡Adiós, y buenas noches!
ROMEO	Si una dicha mayor no me llamase,
	la mejor de las dichas, me sería
	penoso irme tan pronto. ¡Buenas noches!

(Salen.)

ESCENA IV

Casa de los CAPULETOS

Entran CAPULETO, LADY CAPULETO *y* PARIS

CAPULETO.   Las cosas lamentables que han pasado
            nos privaron de hablar con nuestra hija.
            Sabed, señor, que tuvo un gran afecto
            por Teobaldo, y yo también le quise.
            En fin, nacimos para morir todos.
            Ella no bajará porque es muy tarde.
            De no contar con vuestra compañía,
            yo estaría en la cama hace una hora.
PARIS.   En horas de dolor no hay galanteos.

Buenas noches, señora; encomendadme
a vuestra hija.

LADY CAP. Conde, voy a hacerlo,
y, temprano, sabré sus decisiones.
Esta noche se dio a la pesadumbre.

CAPULETO. Conde Paris, me atrevo a responderos
del amor de mi hija, porque en todo
creo que atenderá lo que le diga.
Es más: yo no lo dudo en absoluto.
Mujer, procura ver a nuestra hija
antes de que te acuestes; ve a decirle
el amor que le tiene el conde Paris,
y le dirás que el miércoles que viene...
Pero, ¿en qué día estamos?

PARIS. Hoy es lunes.

CAPULETO. Lunes, decís: el miércoles es pronto;
sí, demasiado pronto. Sea el jueves.
A nuestra hija le dirás, esposa,
que el jueves va a casarse con el Conde.
¿Estaréis ya dispuesto? ¿Es mucha prisa?
Dejaremos la pompa. Un par de amigos...
Comprended que, perdido Teobaldo
desde hace poco, todos pensarían
que le olvidamos, siendo nuestro deudo,
si la fiesta se hiciese con gran pompa.
Así pues, los amigos que no pasen
de seis o siete: ya con ello basta.
¿Qué os parece del jueves?

PARIS. ¡Señor mío,
querría que mañana fuese jueves!

CAPULETO. Conforme: será el jueves. Retiraos.
Ve, mujer, a la estancia de Julieta

y anúnciale ya el día de la boda.
¡Adiós, señor! ¡Eh! ¡Luces a mi cámara!
Por mi vida, es tan tarde que muy pronto
podremos anunciar que ya es temprano.
¡Buenas noches! *(Salen.)*

ESCENA V

Jardín de CAPULETO

Entra ROMEO, *y* JULIETA, *en lo alto*

JULIETA.   ¿Te quieres ir? Aún no ha llegado el alba;
             la voz del ruiseñor, no de la alondra,
             hizo vibrar tu oído temeroso;
             todas las noches canta en el granado.
             Fue el ruiseñor, no temas, amor mío.

ROMEO.   Fue la alondra, el heraldo de la aurora,
             no el ruiseñor. Mira, mi amor, las franjas
             luminosas que ciñen a las nubes,
             rasgadas allá lejos, hacia Oriente.
             Las luces de la noche se apagaron

y el día jubiloso, de puntillas,
se asoma entre la niebla de los montes.
Debo elegir entre salvar la vida
marchándome o morir si aquí me quedo.

JULIETA.   Aquella luz lejana no es del alba,
estoy segura: es como un meteoro
que el sol exhala para que te sirva
de paje con antorcha yendo a Mantua.
Quédate, pues. ¿A qué partir tan pronto?

ROMEO.   Que me arresten y lleven a la muerte;
si lo quieres así, yo me conformo.
Diré que no es el ojo de la aurora
el resplandor grisáceo que vislumbro;
que solamente es pálido reflejo
de la frente de Cintia. Y diré luego
que las notas vibrantes que la bóveda
celeste estremecieron, por encima
de nosotros tan altas, nunca fueron
de la alondra. Y me tienta más quedarme
que partir. ¡Ven, oh muerte, y bienvenida!
Julieta así lo quiere. ¿Qué más cuentas,
alma mía? Charlemos: no es la aurora.

JULIETA.   ¡Sí lo es, sí lo es! ¡Vete y aléjate!
Es la alondra que canta y desafina
con disonancias ásperas y agudos
desagradables. Cuentan que la alondra
es dulce en su armonía. ¿Y cómo explicas
que ahora nos separe? También dicen
que la alondra y el sapo repugnante
suelen trocar sus ojos. ¡Oh, quisiera
que hoy hicieran lo mismo con sus voces!
Pues esta voz desata nuestro abrazo

	y nos hace temer, mientras te aleja
	con su canto de aurora. ¡Vete, huye,
	que el alba va creciendo poco a poco!
ROMEO	¡El alba va creciendo y se oscurecen
	cada vez más y más nuestras desdichas!

Entra la NODRIZA

NODRIZA.	¡Señora!
JULIETA.	¡Nodriza!
NODRIZA.	Vuestra madre se acerca a vuestra estancia.
	Rompe el día. ¡Cuidado! ¡Alerta, alerta!
JULIETA.	Pues entonces, ventana, que entre el día
	y que salga mi vida.
ROMEO.	¡Adiós! Un beso
	y bajaré. *(Desciende.)*
JULIETA.	¿Me dejas, señor mío,
	amigo, esposo…? Que de ti yo sepa
	cada hora del día: en un minuto
	se encierran muchos días. Si así cuento,
	antes que vuelva a verte seré anciana.
ROMEO.	¡Adiós! No dejaré que se me pase
	ni una ocasión para mandar noticias.
JULIETA.	¿Volveremos a vernos? ¡Dime, dime!
ROMEO.	No lo dudo, y las penas que pasamos
	serán temas de amor en lo futuro.
JULIETA.	¡Oh Señor, que mi espíritu adivina
	oscuros infortunios! Me pareces,
	mirando desde arriba y tú allá abajo,
	un difunto en lo hondo de una tumba.
	O me engaño o estás amarillento.
ROMEO.	Y también te ven pálida mis ojos.

> ¡Son penas insaciables las que beben
> nuestra sangre! ¡Hasta luego! ¡Adiós, Julieta!

(Sale.)

JULIETA   ¡Oh fortuna! Te llaman veleidosa.
          Si es verdad, ¿qué te importa andar mezclada
          con quien es fiel? Fortuna, sé cambiante
          porque entonces no vas a retenerlo,
          y lo devolverás, confío, pronto.

LADY CAP. *(Dentro.)* ¿Te has levantado, hija?
JULIETA.   ¿Quién me llama?
          Es mi señora madre. ¿Está de vela
          tan tarde o ya madruga tan temprano?
          ¿Qué imprevisto suceso me la trae?

Entra LADY CAPULETO

LADY CAP. Julieta, ¿qué te ocurre?
JULIETA.   Estoy enferma.
LADY CAP. ¿Llorando aún la muerte de tu primo?
          ¿Con un río de lágrimas pretendes
          sacarlo de su tumba? Si lo logras,
          nunca podrías infundirle vida.
          Acaba, pues. La pena moderada
          revela un gran amor, pero si excede
          demuestra que se es poco juicioso.
JULIETA.   ¡Oh! Dejadme que llore esta gran pérdida.
LADY CAP. La pérdida te duele, no el amigo
          por quien lloras.
JULIETA.   La pérdida sintiendo,

119

por el amigo he de verter mis lágrimas.

LADY CAP. No sólo por su muerte sé que lloras,
sino porque aún alienta aquel infame
que le quitó la vida.

JULIETA. ¿Quién es ese?

LADY CAP. Romeo es el infame.

JULIETA. *(Aparte.)* Entre Romeo
e infamia hay muchas millas de distancia...
Dios le perdone; yo le he perdonado
de todo corazón; aunque no hay hombre
que con tanta razón me haya afligido.

LADY CAP. Que viva el asesino te entristece.

JULIETA. Tal es, y que esté fuera del alcance
de mis manos. ¡Ay, pobre Teobaldo,
yo sola he de vengarle, yo muy sola!

LADY CAP. Nos vengaremos, sí; no has de inquietarte.
Y no llores ya más. Enviaré a Mantua,
donde está desterrado el fugitivo,
un mensajero para que le sirva
un extraño brebaje, y así pronto
irá a hacer compañía a Teobaldo.
Juzgo que entonces quedarás contenta.

JULIETA. Nunca estaré contenta de Romeo
hasta verle... difunto. ¡Está mi pobre
corazón tan dolido por la muerte
de un pariente! Señora, si alguien falta
para llevar la pócima, me brindo;
y voy a prepararla de tal forma,
que Romeo, una vez la haya tomado,
en paz podrá dormir. ¡Cómo detesta
mi corazón el nombre de Romeo
por no poder llegar a su guarida,

	y el amor que he sentido por mi primo
	blandirlo como una arma sobre el cuerpo
	de quien trajo la muerte a Teobaldo!
LADY CAP.	Tú busca medios, mientras busco al hombre.
	Vengo, además, a darte alegres nuevas.
JULIETA.	Llega oportunamente la alegría:
	en este duro tiempo bien nos falta.
	¿Qué nuevas son? Decídmelas, señora.
LADY CAP.	Un padre tienes, niña, que se ocupa
	mucho de ti, y para aliviar tu pena
	te ha preparado un día de ventura
	que no esperabas tú, ni yo esperaba.
JULIETA.	¿Y qué día? Decidlo en buena hora.
LADY CAP.	Pues, hija, el jueves próximo, temprano,
	un joven y galante caballero,
	el noble conde Paris, en la iglesia
	de San Pedro (feliz por verte suya),
	va a hacer de ti una esposa venturosa.
JULIETA.	¡Por la iglesia, señora, de San Pedro
	y por San Pedro mismo, os lo repito,
	no hará de mí una esposa venturosa!
	Me ha asombrado esta prisa. ¿He de casarme
	con uno que jamás me ha cortejado?
	A mi padre y señor decid, señora,
	que aún no he de casarme, y si he de hacerlo,
	aunque le tengo odio, escogería,
	a Romeo mejor que al conde Paris.
	¡Buenas nuevas traíais, ciertamente!
LADY CAP.	¡Ahí llega tu padre; dile todo
	lo que me has dicho! ¡A ver qué le parece!

Entran CAPULETO *y la* NODRIZA

CAPULETO.   Cuando se pone el sol, cae el rocío;
             mas, puesto el sol del hijo de mi hermano,
             llueve a mares. ¡Muchacha! ¿Qué te ocurre?
             ¿Un acueducto? ¿Y todavía en lloros?
             ¿Más chaparrones? En un cuerpo exiguo
             imitas una barca, el mar, el viento;
             porque en tus ojos, que la mar yo llamo,
             hay marea de lágrimas, y es barca
             tu cuerpo que en tal piélago navega;
             los vientos, tus suspiros, que luchando
             furiosos con tu llanto (y si no fuese
             que una súbita calma los amansa),
             harían zozobrar tu cuerpo entero.
             Esposa, ¿ya le has dicho nuestros planes?
LADY CAP.   Sí, y se niega, señor: os da las gracias.
             ¡Debería casarse con su tumba!
CAPULETO.   ¿Cómo? Déjame, esposa, que la escuche.
             ¿Y qué? ¿No quiere? ¿No nos lo agradece?
             ¿No se siente orgullosa, no se alegra,
             la indigna, de que hayamos encontrado
             tan noble caballero por esposo?
JULIETA.   Orgullosa no soy: os doy las gracias.
             Nunca podré enorgullecerme, nunca,
             de las cosas que odio. Y, sin embargo,
             no dejaré de agradecer lo odiado
             cuando amorosamente se me brinda.
CAPULETO.   ¿Cómo, cómo? ¡Retóricas nos cuentas!
             ¿Qué significa «gracias» y «orgullosa»,
             y «no estoy orgullosa» y, sin embargo,
             «no os doy las gracias»? Señorita mía,
             no me vengas con gracias y no gracias,
             ni con orgullos que no son orgullos;

	prepárate esas piernas delicadas
	e irás el jueves próximo de novia
	con Paris a la iglesia de San Pedro,
	o arrastrando en un zarzo he de llevarte.
	¡Fuera de aquí, clorótica carroña!
	¡Anda, cara de sebo, fementida!

LADY CAP. ¡Callad! ¡Callad! ¿Os habréis vuelto loco?

JULIETA. Buen padre, de rodillas os suplico
que queráis escucharme una palabra.

CAPULETO. ¡Que te ahorquen, rebelde, libertina!
Escucha: ¡o vas el jueves a la iglesia
o no me vuelvas a mirar la cara!
No hables, ni repliques, ni respondas.
¡Mi mano tiembla! Esposa, nos quejábamos
de que nos envió Dios sólo una hija,
pero veo que aún está de sobra
y es una maldición que nos llegaba...
¡Echad a esa maldita!

NODRIZA.   ¡Dios la ampare!
No la tratéis, señor, tan duramente.

CAPULETO. ¿Por qué no, sabia dama? ¡Ten el pico!
Enseña tu elocuencia a las comadres.

NODRIZA. No dije nada malo.

CAPULETO.   ¡Dios os cuide!

NODRIZA ¿Una no puede hablar?

CAPULETO.   ¡Calla, gruñona!
¡Reserva tus sentencias para cuando
cenes con tus comadres! ¡Aquí, nada!

LADY CAP. ¡No os excitéis con tanta vehemencia!

CAPULETO. ¡Ira de Dios! ¡Me estoy volviendo loco!
De día, por la noche, a todas horas,
en casa y en la calle, trabajando,

divirtiéndome, solo, en compañía,
mi sueño ha sido verla desposada,
y en el momento en que le conseguimos
un caballero de familia ilustre,
bien afincado, joven, refinado,
con grandes cualidades, según dicen
(nada mejor podría desearse),
nos resulta, de pronto, que mi hija
es una tonta, estúpida llorona,
una muñeca que se queja y gime,
y ahora, al sonreírle la fortuna,
responde: «Yo no puedo desposarme
porque no puedo amar siendo tan joven.
Perdonadme.» ¡Muy bien, yo te perdono,
y no te cases! ¡Vive donde gustes,
mas no en mi hogar! ¡Has de pensar en ello!
¡No suelo gastar chanzas! Y está el jueves
muy cerca ya; llevándote la mano
al corazón, has de mostrar cordura.
Si eres de veras dulce y obediente,
te daré al conde Paris por esposo;
ahórcate, si no; ve mendigando
y pasa hambre hasta encontrar la muerte
por esas calles. ¡Nunca, te lo juro,
he de reconocerte, y de mis bienes
no gozarás! ¡Es tal como te digo!
¡Medita! ¡Yo no falto a mi palabra! *(Sale.)*

JULIETA.   ¿No hay clemencia en los cielos que ilumine
el insondable abismo de mi pena?
¡No me echéis del regazo, madre mía!
Suspended sólo un mes, una semana,
mis desposorios; si os negáis a hacerlo,

	mi tálamo nupcial tened a punto
	en la tumba que acoge a Teobaldo.
LADY CAP.	No me hables: no quiero responderte.
	Haz lo que quieras; acabé contigo.
JULIETA.	¡Ay! Cuéntame, nodriza, ¿de qué modo
	podría remediarlo? Aquí en la tierra
	tengo a mi esposo, mas mi fe en el cielo.
	¿Y cómo volverá la fe a este mundo,
	a no ser que mi esposo, de lo alto,
	dejada ya la tierra, me la envíe?
	Bríndame tu consejo y tus consuelos.
	¡Dios mío! ¡Que los cielos con astucias
	se ensañen en mi ser, tan desvalido!
	¿Qué dices tú? ¿Ni una palabra alegre?
	Consuélame, nodriza.
NODRIZA.	Eso procuro.
	Romeo desterrado. Contra nada
	apuesto el mundo entero a que Romeo
	no volverá jamás a reclamaros;
	o volverá a hurtadillas, si es que vuelve.
	Estando, pues, las cosas en tal punto,
	mejor será casaros con el conde.
	¡Es gentil, arrogante caballero!
	¡Comparado con él, Romeo es zupia!
	El águila no tiene, señorita,
	unos ojos tan bellos, verdes, vivos,
	como son los de Paris. Tenga penas
	mi corazón si este segundo esposo
	no es mejor que el primero; si no acierto,
	no olvidéis que el primero es ya difunto,
	o es igual que lo fuese, y aunque vive,
	¿de qué te va a servir ese marido?

JULIETA.	¿Habla tu corazón?
NODRIZA.	¡Y toda el alma!

Los dos sean malditos si te miento.

JULIETA.	¡Amén!
NODRIZA.	¿Qué?
JULIETA.	Nada. Me has dado un gran consuelo, digo.

Ve a decirle a mi madre que me marcho
a ver a fray Lorenzo, arrepentida
de hablar mal a mi padre, y que allí espero
confesarme y que el padre me perdone.

NODRIZA. Lo haré, porque te portas con cordura.

JULIETA. ¡Vieja malvada! ¡Lucifer maldito!
¿Cuál de los dos es tu mayor pecado:
incitarme al perjurio o que rebajes
a mi señor con esa misma lengua
con la que tantas veces le alabaste
sin hallarle otro igual? ¡Ve, consejera!
De ti mi corazón hoy se separa.
Voy a ver a aquel fraile, y su remedio
sabré. Si todo lo demás fallase,
tendré valor para elegir la muerte.

ACTO IV

ESCENA PRIMERA

Entran FRAY LORENZO *y el conde* PARIS

FRAY LOR.   ¿Así, el jueves, señor? Corto es el plazo.
PARIS.   Mi padre Capuleto así lo quiere,
            y no voy a ser lento ante su prisa.
FRAY LOR.   ¿Y aún no sabéis qué piensa vuestra dama?
            Esto no es regular, y no me gusta.
PARIS.   Julieta llora sin cesar la muerte
            de Teobaldo, y éste es el motivo
            de que de amores le haya hablado poco,

pues Venus no sonríe en hogar triste.
Señor, su padre peligroso juzga
que ella dé tanto impulso a su tristeza,
y con tacto apresura el matrimonio
para atajar la inundación de lágrimas
que crece al estar sola, y es posible
que al darle compañía todo acabe:
ya sabéis la razón de la premura.

FRAY LOR. *(Aparte.)* Preferiría no saber las causas
que deben retrasar el matrimonio.
Mirad, señor, la dama que se acerca.

Entra JULIETA

PARIS. ¡Grato encuentro, señora, esposa mía!
JULIETA. Cuando lo sea, así podréis llamarme.
PARIS. Ese «podréis» será, amor mío, el jueves.
JULIETA. Lo que ha de ser, será.
FRAY LOR.   Verdad segura.
PARIS. ¿Venís a confesaros con el padre?
JULIETA. Confesara con vos si os respondiese.
PARIS. ¿Le negaréis que vuestro amor es mío?
JULIETA. Pues debo confesaros que le amo.
PARIS. Le diréis que me amáis, estoy seguro.
JULIETA. Mi confesión, de hacerla así, tendría
más valor si no estáis, que cara a cara.
PARIS. ¡Mi pobre niña! Vuestro rostro acusa
las señales profundas de los llantos.
JULIETA. La victoria del llanto fue mezquina,
pues ya sin él tuve dañado el rostro.
PARIS. Más que el llanto lo injurian tus palabras.
JULIETA. La verdad, señor mío, no es calumnia;
se refiere a mi cara lo que dije.

128

PARIS.	Injuriaste, y es mío, a vuestro rostro.
JULIETA.	Podría ser, pues no me pertenece.
	¿Tienes trabajo, reverendo padre,
	o he de volver al toque de las vísperas?
FRAY LOR.	Me queda tiempo libre, hijita, ahora.
	Que nos dejéis, señor, os suplicamos.
PARIS.	¡Líbreme Dios de seros un estorbo
	en vuestra devoción! Julieta, el jueves
	de madrugada voy a despertaros:
	os beso santamente y hasta entonces.
JULIETA.	Cierra la puerta y cuando lo hayas hecho
	ven a llorar conmigo. No hay auxilio
	para mí, ni remedio, ni esperanza.
FRAY LOR.	¡Ay Julieta, ya sé de tu desdicha;
	me perturba el espíritu y me aflige!
	Oí que debes, sin posible prórroga,
	casarte con el Conde el otro jueves.
JULIETA.	¡No me lo digas, padre, si no puedes
	decirme la manera de evitarlo!
	¡Si tu sabiduría no me ayuda,
	mi decisión encuentra juiciosa
	y con este puñal tendré remedio! (1)
	¡Unió mi corazón al de Romeo
	el Señor, y tú uniste nuestras manos;
	y antes que esta mi mano, que sellaste
	para Romeo, sea prenda de otro,
	o el corazón sea traidor rebelde,
	este cuchillo dará cuenta de ambos!
	Por tu larga experiencia, deberías

---

(1) Es decir, si fray Lorenzo no puede evitar su matrimonio con Paris, por lo menos que encuentre razonable que ella se quite la vida.

darme un consejo que me sirva ahora;
o entre mí y mis pesares esta daga,
deseosa de sangre, será el árbitro
en lo que ni tus años ni tu ciencia
logren, según honor, dejar zanjado.
¡No tardes en hablar; quiero morirme
si no das un remedio a mis zozobras!

FRAY LOR.   Tente, hija; vislumbro una esperanza
que brinda soluciones tan extremas
y tan desesperadas como aquello
que prevenir queremos. Si deseas
evitar como sea el matrimonio
con Paris y posees fortaleza
para matarte, entonces será fácil
que encuentres simulacros de la muerte
para evitar esa deshonra que antes
queríais eludir con süicidio.
Si tú te atreves, te daré el remedio.

JULIETA.   Mándame que me arroje de lo alto
de aquella torre, desde sus almenas,
en vez de dar mi mano al conde Paris;
que vaya por caminos infestados
de ladrones; que abrace a las serpientes;
que con osos rugientes me encadene,
o me esconda, de noche, en un osario
con huesos de difuntos que me cubran
entre crujidos, con negruzcas tibias
y mondas y amarillas calaveras;
mándame ir a una reciente fosa
y allí déjame envuelta en el sudario
del muerto... Que si tales cosas antes
ya me hacían temblar con sólo oírlas,

hoy las haría sin temor, resuelta,
con tal de conservarme inmaculada,
leal esposa de mi amor: el único.

FRAY LOR.   Escucha, pues: ve a casa y haz alarde
de que estás jubilosa. Dile a Paris
que te casas con él. Mañana es miércoles;
procura quedar sola por la noche
y aleja a la nodriza de tu estancia.
Toma este frasco. Ya acostada, bebe
todo el licor, no dejes ni gota,
y un humor que difunde un sueño helado
pronto recorrerá todas tus venas;
el pulso abdicará de sus funciones,
ni aliento ni calor dirán que vives;
las rosas de los labios y mejillas
van a quedar marchitas como pálidas
cenizas; las ventanas de tus ojos
se cerrarán igual que cuando el día
de la vida se cierra con la muerte;
y entonces cada miembro, sin la ayuda
de su movilidad, quedará rígido,
con aspecto de muerte, frío y yerto.
Y en este símil de la muerte helada,
que tomarás prestado, has de quedarte
cuarenta y dos indispensables horas;
pero luego (es decir, cuando despiertes)
saldrás como de un sueño delicioso.
Entonces, cuando el novio, de mañana,
vaya a tu cama para despertarte,
ya habrás muerto. Y después, según costumbre
de nuestra patria, en ataúd abierto,
con tus mejores galas, conducida

serás al mismo antiguo mausoleo
donde la estirpe Capuleto yace.
Y antes que tú despiertes, yo por carta
informaré a Romeo de la argucia.
Aquí vendrá. Los dos haremos vela
hasta que tú despiertes y, de noche,
Romeo volverá contigo a Mantua.
Con ello estarás libre del oprobio
que te amenaza, a menos que un capricho
o un terror femenino, en el momento
de obrar, tu valentía derrumbase.

JULIETA.   ¡Dámelo, sí, y no hablemos de temores!

FRAY LOR.   ¡Toma, vete! ¡Valor, buena fortuna
en esta decisión! Enviaré al punto
un fraile a Mantua y llevará mis cartas
a tu señor.

JULIETA.   ¡Amor, dame tu fuerza!
Fortaleza y valor serán mi escudo.
¡Adiós, querido padre! *(Sale.)*

ESCENA II

En casa de CAPULETO

Entran CAPULETO, *su esposa, la* NODRIZA
y dos o tres criados

CAPULETO. — Invita a los que están aquí anotados. *(Sale un criado.)* Bribón, alquila veinte buenos cocineros.

CRIADO. — No habrá ninguno malo, porque yo sabré pronto si se chupan los dedos.

CAPULETO. — ¿Cómo podrás averiguarlo?

CRIADO. — Fácilmente, señor; porque el que no sabe chuparse los dedos es un mal cocinero; así, quien no se los chupe no vendrá conmigo.

CAPULETO.   Vete, vete. *(Sale el* CRIADO 2.º*)*
          Desprevenidos esta vez estamos.
          Y mi hija, ¿estará con fray Lorenzo?

NODRIZA.	Sí, por cierto.
CAPULETO.	La visita es posible que dé fruto.
	¡Qué testaruda y díscola rapaza!

Entra JULIETA

NODRIZA.	Llega de confesarse muy risueña.
CAPULETO.	¡Hola, testarudilla! ¿Dónde fuiste?
JULIETA.	Donde me arrepentí de aquel pecado
	de haberme resistido a obedeceros.
	Fray Lorenzo me manda que me postre
	a vuestros pies y que el perdón os pida.
	¡Perdonadme, os lo ruego! Desde ahora
	siempre respetaré vuestros mandatos.
CAPULETO.	Llamad al Conde y sepa lo que ocurre.
	Mañana mismo habrá de atarse el lazo.
JULIETA.	Con fray Lorenzo he visto al joven Conde
	y le mostré el afecto que he podido
	sin traspasar la usanza en mi modestia.
CAPULETO.	Me alegro, pues; todo va bien. ¡Levántate!
	¡Así debía ser! Hablaré al Conde.
	Sí, vete, vete y di que quiero verle.
	¡Válgame Dios! Con este santo fraile
	la ciudad tiene deuda contraída.
JULIETA.	¿Quieres venir, nodriza, hasta mi cuarto
	y ayudarme a elegir los atavíos
	que creas apropiados a mi boda?
LADY CAP.	Aguardad hasta el jueves; ya habrá tiempo.
CAPULETO.	Ve, nodriza, con ella y acompáñala
	porque mañana iremos a la iglesia.

(Salen JULIETA *y la* NODRIZA.*)*

LADY CAP.	Serán muy cortos los preparativos,
	pues ya casi es de noche.

CAPULETO.   Calla y déjame.
que voy a trabajar, esposa mía,
y todo saldrá bien, te lo aseguro.
Ayuda a que Julieta se componga.
Yo no me acostaré; déjame solo.
Por esta vez haré de ama de casa.
¿Cómo? ¿Están fuera todos? Pues yo mismo
marcharé para ver al conde Paris
y así mañana ya estará dispuesto.
Siento mi corazón ligero, alegre,
desde que sé que esa muchacha díscola
se nos ha vuelto razonable y dócil. *(Salen.)*

ESCENA III

Alcoba de JULIETA

Entran JULIETA *y la* NODRIZA

JULIETA.   Éstos son los mejores atavíos;
pero, buena nodriza, te lo ruego,
en esta noche, sola has de dejarme,
pues necesito muchas oraciones
para lograr que el cielo me sonría
en mi estado de ahora; tú ya sabes
que es azaroso y lleno de pecados.

Entra LADY CAPULETO

LADY CAP.   ¡Oh! Estáis atareadas. ¿Os ayudo?

JULIETA.	No, señora; ya está todo dispuesto
	para la ceremonia de mañana.
	Si os place así, dejadme sola ahora.
	Es mejor que esta noche la nodriza
	os acompañe, pues a buen seguro
	que las manos tendréis muy ocupadas
	con un trabajo así, tan imprevisto.
LADY CAP.	Muy buenas noches; vete a dormir pronto
	y descansa, que bien lo necesitas.

(Salen LADY CAPULETO *y la* NODRIZA.*)*

JULIETA.	¡Adiós! ¡Sólo Dios sabe cuánto tiempo
	estaremos sin vernos! Por mis venas
	corre un vago temor, un miedo frío,
	que el calor de la vida hiela casi.
	Las llamaré para que me consuelen.
	¡Nodriza…! Mas, ¿qué haría aquí? Muy sola
	he de representar mi escena triste.
	¡Ven acá, frasco! ¿Y si el licor no hiciese
	el efecto que dicen…? ¿Debería
	desposarme mañana con el Conde?
	¡No, no! Lo impediríamos con esto.

(Dejando caer la daga.)

Quédate aquí. ¿No puede ser, acaso,
un veneno que el padre, con astucia,
hubiese preparado para darme
la muerte, por temor a la deshonra
que le vendría de este matrimonio,
pues él bendijo el lazo con Romeo?

Lo temo. Y, sin embargo, no es posible:
el padre tiene santidad probada.
¿Y si, encerrada dentro de mi tumba,
despierto antes que venga a libertarme
Romeo? ¡Qué pregunta tan terrible...!
¿Y no me asfixiaré bajo la bóveda
por cuya boca lúgubre no entra
el aire saludable, y sofocada
moriré sin que llegue mi Romeo?
Y si vivo, ¡qué horrible mescolanza
la idea de la muerte y de la noche
y el terror del lugar conjuntamente!
El mausoleo donde en muchos siglos
se habrán amontonado tantos huesos
de mis antepasados... Teobaldo
allí estará, reciente en el sepulcro,
yaciendo en su mortaja, corrompiéndose,
y donde, según dicen, los espíritus
a ciertas horas de la noche acuden...
¡Ay de mí! ¿No es posible que enloquezca
si despierto tan pronto, rodeada
de olores nauseabundos y chillidos
como los que profieren las mandrágoras
arrancadas del suelo, esos chillidos
que harán enloquecer a quien los oiga? (1)
¡Oh! Si despierto, ¿no tendré el jüicio
trastornado, cercada por horrores
tan espantosos? Y quizá con restos
de mis mayores jugaré, demente,
y a Teobaldo, ya desfigurado,

_____

(1) Estas palabras responden a las varias supersticiones que en aquel entonces había sobre las mandrágoras.

echaré del sudario; y en mi furia,
blandiendo a modo de una maza el hueso
de algún antepasado, ¿no he de hundirme
los sesos trastornados? ¡Oh, qué veo!
Me parece el fantasma de mi primo
persiguiendo a Romeo, el que tumbado
lo dejó con la punta de su estoque.
¡Detente, Teobaldo, no le sigas!
¡Romeo, voy! ¡Por ti el brebaje apuro!

(Bebe y cae encima del lecho, detrás de las cortinas.)

ESCENA IV

En casa de CAPULETO

Entran LADY CAPULETO *y la* NODRIZA

LADY CAP.   Un momento, nodriza, que estas llaves
            has de tomar, y trae más especias.
NODRIZA.   Más membrillos y dátiles nos piden
            en la pastelería para dulces.

Entra CAPULETO

CAPULETO.   ¡Aprisa, aprisa, aprisa! Que el segundo
            gallo cantó hace poco y la campana
            de queda (son las tres) ya se ha escuchado.
            ¡Cuida de los pasteles, buena Angélica,
            sin reparar en gastos!

NODRIZA.   ¡Ay, marchaos,
          marchaos, cominero, a vuestra cama;
          mañana estaréis malo, seguro,
          por trasnochar!
CAPULETO.   ¡Ni pizca! Ya otras veces
          velé toda la noche sin motivo
          tan serio como éste, y no he enfermado.
LADY CAP.   ¡Buen cazador de ratas en los tiempos
          felices habrás sido! Y, sin embargo,
          voy a ser yo quien vele y así evite
          que repitáis ahora esas veladas.

(Salen LADY CAPULETO *y la* NODRIZA.*)*

CAPULETO.   ¡Son celos, sólo celos!

*Entran tres o cuatro criados con asadores,
          leña y canastos*

                                    ¿Di, muchacho,
          qué nos traes?
CRIADO 1.º   ¡Son cosas de cocina,
          señor, pero no sé qué cosas sean!
CAPULETO.   ¡De prisa, buena pieza, no te turbes:
          busca leña más seca; llama a Pedro
          y él te dirá el lugar donde tomarla!
CRIADO 2.º   Señor, con mi destreza muchos troncos
          hallaré sin que Pedro se importune.
CAPULETO.   ¡Vive Dios! Dices bien, te felicito.
          ¡Oh, qué hideputa tan alegre eres!
          Con el tiempo serás un mentecato.

(Sale el CRIADO 2.º)

¡Por mi fe, veo el alba y el buen Conde
va a llegar en seguida con la música,
según me prometió! *(Se oye música.)* ¡Ya está
                               [muy cerca!
¿No oís? ¡Nodriza! ¡Esposa! ¡Tú, nodriza!

Vuelve a entrar la NODRIZA

¡Ve, despierta y compón a mi Julieta!
Yo charlaré con Paris. ¡Hala, digo!
¡Daos prisa, que el novio está llegando!
¡Daos prisa, repito! *(Salen.)*

ESCENA V

Alcoba de JULIETA

Entra la NODRIZA

NODRIZA. ¡Señorita! ¡Julieta! ¡Señorita!
Dormida como un tronco, estoy segura.
¡Qué es eso, corderito! ¡Ea, señora!
¡Qué vergüenza tener tanta pereza!
¡Mi prenda, despertad, señora, hala!
¡Mi dulce corazón! ¡Eh, prometida!
¿Y qué? Ni una palabra. Te preparas.
Duerme por ocho días, que esta noche
poco descansarás si estás con Paris.
¡Dios me perdone! ¡Amén! ¡Y cómo duerme!
La debo despertar. ¡Hala, señora!

143

¡Que el Conde todavía os coja en cama!
Despertarás del susto. ¿Di en el clavo?

(Abre las cortinas.)

¡Durmiendo con las galas y el vestido!
Mas debo despertarla. ¡Mi señora!
¡Ay, ay, socorro! ¡Mi señora ha muerto!
¡Maldito el día en el que fui engendrada!
¡Señor! ¡Señora! ¡Dadme el *aqua vitae!*

Entra LADY CAPULETO

LADY CAP.	¿Por qué tanto alboroto?
NODRIZA.	¡Aciago día!
LADY CAP.	¿Qué ocurre, pues?
NODRIZA.	¡Mirad! ¡Día funesto!
LADY CAP.	¡Ay Dios! ¡Mi única vida! ¡Mi pequeña!
	¡Revive y mira o moriré contigo!
	¡Socorro, auxilio! ¡Aquí! ¡Pedid socorro!

Entra CAPULETO

CAPULETO.	¡Y qué vergüenza! ¡Ha de salir mi hija,
	que ha llegado su esposo!
NODRIZA.	¡Si está muerta!
	¡Está difunta! ¡Ha muerto! ¡Día aciago!
LADY CAP.	¡Ay, qué día! ¡Y ha muerto! ¡Ha muerto!
	[¡Ha muerto!
CAPULETO.	¡Dejadme verla! ¡Es cierto: ya está fría!
	¡Ya no corre su sangre y tiene rígidas
	las articulaciones! ¡De sus labios

144

huyó la vida ya hace largas horas!
¡En ella se posó la muerte como
una helada temprana en la más bella
flor de los campos!

NODRIZA.   ¡Ay, aciago día!

LADY CAP.   ¡Triste tiempo! ¡La muerte, que ha robado
a Julieta y me obliga a lamentarme,
ata mi lengua, ahoga mis palabras!

Entran FRAY LORENZO *y* PARIS *con los músicos*

FRAY LOR.   ¿Para ir a la iglesia está dispuesta?

CAPULETO.   ¡Dispuesta para ir está la novia
y no volver jamás! ¡Pobre hijo mío,
hoy ibais a casaros y en la víspera
el lecho de la esposa holló la muerte!
¡Tendida allí como una flor que ha sido
ajada por la muerte! ¡Y es mi yerno
la muerte, desposada con mi hija!
¡La muerte es mi heredero! ¡Va a ser suyo,
pues moriré muy pronto, el patrimonio;
de la muerte ya son hacienda y vida!

PARIS.   ¡Para admirar el rostro de este día
aguardé tanto tiempo y lo contemplo
con un aspecto así, tan lamentable!

LADY CAP.   ¡Día maldito, miserable, odioso!
¡Hora la más fatal de las que ha visto
el tiempo, peregrino en larga ruta!
¡Sólo una he tenido, pobrecilla,
sólo una pobre niña cariñosa,
hija de mi solaz y mi ventura,
y la muerte cruel me la arrebata!

NODRIZA.   ¡Oh día doloroso, doloroso!
            ¡Oh tristeza! ¡Es el día más aciago!
            ¡Nunca otro así yo he visto: nunca, nunca!
            ¡Oh día, oh día, oh día! ¡Odioso día!
            ¡Tan negro día nunca ha visto el mundo!
            ¡Oh día de dolor, infortunado!
FARIS.   ¡Burlado, divorciado y ofendido,
            y despechado, y muerto! ¡Oh tú, la muerte
            más detestable, que me has hecho burla,
            cruel, cruel, cruel, que me destronas...!
            ¡Oh amor! ¡Oh vida! ¡Pero no es tal vida,
            sino amor en la muerte!
CAPULETO.   ¡Escarnecido,
            martirizado, odiado, asesinado!
            ¡Oh lamentable hora! ¿Por qué vienes
            ahora a destrozar nuestra gran fiesta?
            ¡Hija, hija! ¡Mi alma y no mi hija!
            ¡Está muerta, ¡ay, señor!, mi hija ha muerto
            y con ella mi gozo ha sepultado!
FRAY LOR.   ¡Silencio! ¡Qué vergüenza! Los trastornos,
            añadiendo trastornos no se curan.
            En la hermosa doncella tuvo parte
            el cielo igual que vos, y el cielo ahora
            del todo la posee, y ella gana.
            Sustraer vuestra parte no pudisteis
            a la muerte, y el cielo ha reservado
            la suya para darle eterna vida.
            Todo vuestro deseo fue encumbrarla
            y sus avances eran vuestra gloria;
            ¿y estáis llorando ahora al verla arriba,
            gloriosa por encima de las nubes,
            encumbrada y tan alta como el cielo?

Con este amor la amáis torcidamente
y enloquecéis al verla tan dichosa.
No es la mejor esposa la que vive
largo tiempo casada, sino aquella
que muere siendo joven desposada.
Las lágrimas secad. Su hermoso cuerpo
con romero cubrid y conducidlo,
según costumbre, engalanado, al templo.
Pues, aunque a todos la Naturaleza
nos fuerce a lamentarnos, nos dé lágrimas,
de tanto llanto la razón se ríe.

CAPULETO.   Cuanto para la fiesta se dispuso,
en negro funeral se trueque ahora:
la música en campanas doloridas,
las jubilosas bodas en la pompa
triste de los entierros, y los himnos
solemnes sean fúnebres endechas;
nuestras flores nupciales sirvan para
un cuerpo en su sepulcro, porque todas
las cosas en lo opuesto se han trocado.

FRAY LOR.   Retiraos, señor; acompañadle,
señora, y vos, sir Paris. Disponeos
a llevar a la hermosa hasta su tumba.
Ceñudo os mira el cielo por alguna
culpa; no le mováis a nuevo enojo
sus supremos designios contrariando.

(Salen todos menos la NODRIZA
y los músicos.)

MÚSICO 1.°   Recogamos las flautas, a fe mía,
y marchemos de aquí.

NODRIZA.   Podéis hacerlo:
recogedlas, muchachos, recogedlas;
ya visteis que es un caso lastimoso. *(Sale.)*
MÚSICO 1.º Es un caso terrible, sin remedio.

Entra PEDRO

PEDRO. — ¡Músicos! ¡Oh músicos! ¡«La paz del corazón»!,
¡«La paz del corazón»! Si queréis que yo viva, tocad
«La paz del corazón».

MÚSICO 1.º — ¿Y por qué «La paz del corazón»?

PEDRO. — ¡Oh músicos! Porque mi corazón toca por su
cuenta «Mi corazón está lleno de pena». ¡Oh, tocad-
me alguna alegre tonada para consolarme!

MÚSICO 1.º — ¡Nada de tonadas! Ahora no es tiempo de
tocar.

PEDRO. — ¿No queréis, entonces?

MÚSICO 1.º — No.

PEDRO. — Entonces os daré yo algo, y será bien sonado.

MÚSICO 1.º — ¿Qué nos daréis?

PEDRO. — Dinero, no, a fe mía, sino el son de mofa; ya os
daré yo un buen ministril.

MÚSICO 1.º — Y yo os daré su ayudante.

PEDRO. — Pues yo os pondré la daga del ayudante en la
coronilla. No me iré con corcheas; os daré el *re* y
el *fa;* ¿os fijáis en esto?

MÚSICO 1.º — No daréis el *re* ni el *fa,* ya os fijáis en esto.

MÚSICO 2.º — Envainad, por favor, vuestra daga y sacad a
relucir vuestro ingenio.

PEDRO. — Pues, ¡en guardia contra mi ingenio! Os zum-
baré con un ingenio de acero y envainaré el acerado
puñal. Responded como hombres:

Cuando está el corazón por la tristeza herido
y la melancolía oprime el pensamiento,
la música, que tiene un sonido de plata...

¿Por qué «sonido de plata»? ¿Por qué «tiene un sonido de plata»? ¿Qué decís, Simón Cuerda?

Músico 1.° — ¡Vaya! Porque el son de la plata es dulce.

Pedro. — ¡Muy bonito! ¿Qué decís vos, Hugo Rabel?

Músico 2.° — Dice «sonido de plata» porque los músicos
tocan por plata.

Pedro. — ¡Muy lindo también! ¿Y vos, Jaime Clavija?

Músico 3.° — A fe mía que no sé qué decir.

Pedro. — ¡Ah, perdonadme, sois el cantor! Lo diré yo por
vos. Dice «música con sonido de plata» porque los
músicos no poseen oro para hacerlo sonar.

La música, que tiene un sonido de plata,
nos da rápida ayuda calmando las tristezas.

Músico 1.° — ¡Qué inmundo bergante!

Músico 2.° — ¡Que lo ahorquen! Venid por aquí; espera-
remos el cortejo fúnebre y nos quedaremos a cenar
en la casa.

ACTO V

ESCENA PRIMERA

Mantua. Una calle

Entra ROMEO

ROMEO.   Si he de confiar en la visión de un sueño
halagador, tendré pronto noticias
alegres. Casi ingrávido, en su trono
el señor de mi pecho está sentado;
durante todo el día algún espíritu
extraño me levanta por encima
de la tierra con gratos pensamientos.

Soñé que mi señora se acercaba
y me encontraba muerto. ¡Sueño extraño
que pensar a un difunto permitía!
Sus besos en mis labios me infundieron
tanta vida, que ya resucitado
me sentí, y era emperador entonces.
¡Ah, gozar del amor bien poseído
cuán dulce debe ser cuando las sombras
del amor por sí solas ya son júbilo!

Entra BALTASAR, *servidor de* ROMEO

¿Noticias de Verona? ¿Qué me cuentas,
Baltasar? ¿No te ha dado carta el padre?
¿Mi padre cómo está? ¿Qué hay de mi dama?
¿Cómo está mi Julieta?, te repito;
pues si está bien, yo nada malo aguardo.

BALTASAR.   Sí, bien está, y entonces todo es bueno.
Descansa en el sepulcro de los suyos
y su parte inmortal fue con los ángeles.
Yo vi bajarla junto a sus mayores;
y vine con la posta sin demora
para que lo sepáis. Y concededme
el perdón por traeros malas nuevas,
ya que vos este oficio me habéis dado.

ROMEO.   ¿Será verdad? ¡Os desafío, entonces,
estrellas! ¡Tú ya sabes dónde vivo;
trae papel y tinta y luego alquilas
los caballos de posta: marcho ahora!

BALTASAR.   ¡Os lo ruego, señor: tened paciencia!
¡Desencajado y pálido el semblante
tenéis, como anunciando una desgracia!

ROMEO.   ¡Te equivocas, muchacho: en mí confía!
                ¿No traes para mí cartas del fraile?
BALTASAR.   No, señor.
ROMEO.   ¡Pues no importa! Ve y procúrame
                unos buenos caballos y te sigo.

                    (*Sale* BALTASAR.)

                ¡Sí, Julieta, esta noche los dos juntos
                descansaremos! Hay que buscar medios.
                ¡Oh tú, maldad, qué rapidez posees
                para entrar en la mente de los hombres
                desesperados! Me he acordado ahora
                del boticario aquel (y vive cerca)
                que va harapiento y con el ceño torvo;
                le he visto no hace mucho coger hierbas
                medicinales. Tiene el rostro enjuto;
                la miseria acuciante hasta los huesos
                le royó. Y en la tienda miserable
                vi colgando del techo una tortuga,
                un caimán disecado y unas pieles
                de mal formados peces; esparcidas
                sobre los anaqueles, unas pobres
                cajas sin nada dentro; tarros verdes,
                vejigas y simientes ya mohosas,
                y trozos de bramante y viejos panes
                de rosas: todo muy desparramado,
                aparentando así más mercancías.
                Y yo me dije al ver esa penuria:
                «Si a alguno hiciese falta un buen veneno,
                cuya venta aquí en Mantua se castiga
                con la muerte inmediata, el desdichado
                que vive aquí lo venderá sin duda.»

¡A mi necesidad se adelantaba
la idea que me vino entonces; este
mísero ha de vendérmelo: es seguro!
Si no recuerdo mal, la casa es ésta.
Siendo día festivo, el indigente
ha cerrado la tienda. ¡Boticario!
¡Eh, hola! *(Entra el* BOTICARIO.*)*

BOTICARIO.   ¿Quién me llama dando voces?

ROMEO.   Ven acá. Que eres pobre bien se nota;
ten cuarenta ducados y me vendes
un poco de veneno: de esos rápidos
que por todas las venas se difunden,
y así muera el cansado de la vida,
descargándose el cuerpo del aliento
tan violentamente como escapa
del vientre del cañón la rauda pólvora.

BOTICARIO. Esas drogas fatales tengo en casa,
pero la ley de Mantua con la muerte
castiga a todo aquel que las expida.

ROMEO.   ¿Desnudo y tan colmado de miseria
temes morir? ¡El hambre en tu semblante
está pintado y miran por tus ojos
la opresión, la famélica indigencia,
y ponen la pobreza y el oprobio
su pesadumbre sobre tus espaldas!
¡Ni el mundo ni su ley son tus amigos;
para ti no habrá ley que te enriquezca!
Toma esto, sin ley, y no eres pobre.

BOTICARIO. Mi voluntad hacerlo no consiente,
pero sí mi pobreza.

ROMEO.   A ésta pago
y no a tu voluntad

154

BOTICARIO.	Pues en un líquido
	echad esto y bebedlo, y al instante,
	aunque el vigor tengáis de veinte hombres,
	la droga acabará con vuestra vida.
ROMEO.	¡Ahí tienes el oro, que es ponzoña
	para el alma del hombre tan funesta,
	causante de más muertes en el mundo
	miserable en que vives, que las pobres
	drogas mezcladas que expender no puedes!
	Yo te vendo veneno; tú no has sido.
	¡Adiós; cómprate pan y aumenta en carnes!
	¡Ven tú, que eres cordial y no ponzoña,
	ven conmigo a la tumba de Julieta,
	porque allí de verdad te necesito! *(Salen.)*

ESCENA II

Celda de FRAY LORENZO

Entra FRAY JUAN

FRAY JUAN. ¡Oh santo fraile franciscano! ¡Hermano!

Entra FRAY LORENZO

FRAY LOR. La voz del padre Juan debe ser ésta.
¡Bienvenido de Mantua! ¿Y qué Romeo?
Si sus planes ha puesto por escrito,
dadme la carta, hermano.

FRAY JUAN.   Salí en busca
de un hermano descalzo de mi Orden,
que estaba visitando a los enfermos;
yo pensé que querría acompañarme,

y, al hallarnos la ronda de la villa,
sospechando que ambos estuvimos
en un hogar tocado por la peste,
selló las puertas, nos cerró el camino.
Quedó en suspenso, pues, mi viaje a Mantua.

FRAY LOR. Y así, ¿a Romeo quién llevó mi carta?

FRAY JUAN. No la pude mandar y os la devuelvo;
ni encontré mensajero que os la diese:
tanto temían todos el contagio.

FRAY LOR. ¡Infortunio fatal! Para la Orden
no era de poca monta la misiva,
pues trata de gravísimos asuntos,
y gran peligro entraña el no entregarla.
Fray Juan, sin más demora, id a buscarme
una barra de hierro y a mi celda
traedla al punto.

FRAY JUAN.   Sí; en seguida, hermano.
                                              (*Sale.*)

FRAY LOR. Sin nadie he de llegarme al mausoleo,
pues dentro de tres horas ya la hermosa
Julieta habrá salido del letargo
y me va a maldecir porque a Romeo
de estos sucesos no le he dado aviso.
A Mantua mandaré una nueva carta,
y ella en mi celda quedará escondida
esperando que llegue su Romeo.
¡Pobre muerta viviente, que encerraron
con un cadáver en su propia tumba!

ESCENA III

*Verona. Un cementerio; en él, el panteón
de los Capuletos*

Entran PARIS *y su* PAJE *llevando flores
y una antorcha*

PARIS.　　　Dame tu antorcha, chico, y te retiras;
te quedas algo lejos; pero apaga,
que no quiero ser visto; tú te tiendes
al pie de aquellos tejos escuchando,
el oído pegado al suelo hueco,
y así no pisará ningún intruso
el cementerio, donde está la tierra
tan blanda y removida por las fosas,
sin que su paso llegue a tus oídos.

Entonces silbas y sabré que algo
se está acercando. Dame aquellas flores.
Vete; hazlo todo como ya te he dicho.

PAJE. *(Aparte.)*   Tengo un poco de miedo de estar solo
aquí, en el camposanto; me aventuro
a pesar del temor y voy a hacerlo. *(Se retira.)*

PARIS.   ¡Oh dulcísima flor! Siembro de flores
tu tálamo nupcial. ¡Y qué tristeza:
tu dosel son las piedras y es el polvo!
Con agua perfumada cada noche
rociaré tu sepulcro y, si no puedo,
con lágrimas que nacen de gemidos.
Las exequias que pienso dedicarte
serán flores y llanto cada noche.

(El PAJE *silba.)*

El muchacho me avisa que alguien llega.
¿Qué pie maldito viene y desbarata
las exequias, mis ritos amorosos?
¡Cómo! ¡Y con una antorcha! Has de
[ocultarme,
¡oh noche!, mientras tanto con tus velos.
(Se aparta.)

Entran ROMEO *y* BALTASAR *con una antorcha,
un azadón y una palanca de hierro*

ROMEO.   Prepara el azadón y la palanca.
Toma esta carta, ¿me oyes?, y la llevas
muy de mañana donde está mi padre.
Dame esa luz, y, si tu vida estimas,
lo que escuches o veas no te importe;
apártate y no estorbes mi trabajo.

Si preguntas por qué bajo a este lecho
de muerte, te diré que es sólo en parte
por contemplar de mi señora el rostro,
pero, principalmente, es por tomarle
del dedo, ya insensible, una sortija
maravillosa que he de usar en algo
que me es muy caro; por lo tanto, apártate.
Mas si eres curioso y aquí vuelves
para ver si trabajo en otras cosas,
por Dios te juro que te haré pedazos
y esparciré tus miembros, uno a uno,
por todo el insaciable cementerio.
La hora y mis instintos son salvajes
y más inexorables y feroces
que el mar bramando o tigres en ayunas.

BALTASAR.   Me iré, señor; no pienso molestaros.

ROMEO   Así demuestras tu amistad. Pues toma,
vive y prospera. ¡Adiós, buen compañero!

BALTASAR. *(Aparte.)* Cerca de aquí, no obstante, yo me
                                              [oculto.
Me asusta la expresión de su semblante
y dudo que éstos sean sus propósitos.

                                    (Se retira.)

ROMEO.   ¡Horrible buche, seno de la muerte,
que con hambre insaciable devoraste
el bocado más dulce de la tierra;
así te obligo a abrir tus dos quijadas

                              (Abre la tumba.)

podridas, y, forzando tu deseo,
más alimentos tragarás ahora!

PARIS.   Es el Montesco desterrado, altivo,
que ha asesinado al primo de mi dama

160

(parece que mi bella criatura
murió por la tristeza de esta pérdida).
¡Aquí llega queriendo hacer alguna
villanía a los cuerpos enterrados!
·¡Voy a prenderle! *(Se adelanta.)* ¡Cesa en tu
[trabajo,

profanador, sacrílego Montesco!
¿Es posible que lleves la venganza
más allá de la muerte? ¡Yo te arresto!
¡Villano, has de morir; sigue; obedece!

ROMEO.　¡He de morir y para hacerlo vine!
¡Ay, mancebo gentil y bondadoso,
a un ser desesperado no le tientes;
huye de aquí y me dejas! Haz memoria
de esos que existieron y son idos:
que te infundan temor. Te ruego, joven,
que sobre mi cabeza otro pecado
no pongas, acuciándome en mi furia.
¡Oh, vete! ¡Por los cielos, que te aprecio
más que a mí mismo, pues armado vine
tan sólo contra mí! No te detengas;
vete, sigue viviendo; diles luego
que te ha obligado la merced de un loco
a fugarte de aquí para salvarte!

PARIS.　¡Desprecio tus conjuros y tus súplicas
y, por ser criminal, yo te detengo!

ROMEO.　¿Pretendes provocarme? ¡Pues, en guardia!

PAJE.　¡Dios mío! ¡Luchan! Llamaré a la ronda.

(Sale, y PARIS *se desploma.)*

PARIS.　¡Oh! ¡Muerto estoy! ¡Si tú eres compasivo,
arrójame a la tumba con Julieta! *(Muere.)*

161

ROMEO. ¡Así lo haré! Veamos esa cara.
¡El deudo de Mercucio, el noble Paris!
¿Qué dijo mi criado cabalgando
cuando, como en un mar tempestuoso,
no atendía mi alma a aquellas nuevas?
Me dijo, al parecer, que el conde Paris
debería casarse con Julieta.
¿No dijo así? ¿Quizá lo habré soñado?
¿O estoy tan loco que, al decirme cosas
de mi Julieta, habré pensado en esto?
¡Dame la mano, oh tú que has sido inscrito,
como yo mismo, en ese libro aciago
de la desdicha! Quiero sepultarte
en glorioso sepulcro. Pero, ¿cómo?
¿En un sepulcro? ¡Oh, no! ¡Qué es encendida
linterna, joven víctima, pues yace
aquí Julieta, y su belleza torna
esta cripta en estancia alborozada,
en alcázar de luz resplandeciente!
¡Oh muerto, aquí descansa, que otro muerto
te entierra! *(Dejando a* Paris *en la tumba.)*
          [¿Cuántas veces ha ocurrido
que los hombres en trance de agonía
se alegren un instante? Los que cuidan
a los enfermos llaman a ese instante
relámpago que es signo de la muerte.
¿Cómo podré llamarlo yo relámpago?
¡Amor, esposa mía! ¡De tu aliento
ha libado la muerte el mejor néctar,
mas todavía sobre tu hermosura
no ha tenido poder y no te vence!
Aún tiene su enseña sonrosada

la belleza en tus labios y mejillas,
y el pálido estandarte de la muerte
hasta estas fronteras no ha ondeado.
¿Eres tú, Teobaldo, el que aquí yaces
en un sudario ensangrentado? ¿Puedo
hacerte yo un favor más alto ahora
que, con la misma mano que en su curso
segó tu juventud, con esta mano,
segar la del que ha sido tu enemigo?
¡Perdona, primo mío! ¡Ay, mi Julieta!,
¿por qué eres tan hermosa todavía?
¿Creeré que la muerte, la incorpórea,
se ha prendado de ti y que ese delgado
y odioso monstruo en las tinieblas quiere
hacerte su manceba? ¡Así lo temo
y por esto me quedo a acompañarte,
y ya jamás he de alejarme de este
apagado palacio de la noche!
¡Aquí me quedaré, con los gusanos
que tus doncellas son! ¡Reposo eterno
aquí tendré, y sacudiré los astros
adversos de mi carne fatigada!
¡Ojos míos, mirad por vez postrera!
¡Brazos, ceñid con el postrer abrazo!
¡Mis labios, oh vosotros que sois puertas
del aliento, sellad con un legítimo
ósculo el pacto eterno con la muerte!

(Cogiendo el frasco de veneno.)

¡Amargo conductor, fétido guía,
piloto sin camino ni esperanza,

arroja de una vez contra las rocas
tu bajel, ya cansado de la ruta!
¡Por mi dama yo brindo! *(Bebe.)* ¡Boticario
honesto! ¡Son muy rápidas tus drogas!
¡Así acabo mis días con un beso! *(Muere.)*

Entra FRAY LORENZO *con una linterna,*
una palanca y un azadón

FRAY LOR. ¡San Francisco me valga! ¡Qué a menudo
mis pies han tropezado con las tumbas
esta noche! ¿Quién va?

BALTASAR.   Soy un amigo,
soy uno que os conoce desde tiempo.

FRAY LOR. ¡Que el cielo te bendiga! Pero, dime,
¿cuál es aquella antorcha que a gusanos
y a ciegas calaveras da su lumbre?
¿Será la tumba de los Capuletos?

BALTASAR. Decís verdad, mi venerable padre;
mi amo, a quien amáis, allí se encuentra.

FRAY LOR. Y tu amo, ¿quién es?

BALTASAR.   Romeo.

FRAY LOR.   ¿Cuánto
tiempo aquí lleva?

BALTASAR.   Más de media hora.

FRAY LOR. Ven conmigo a la cripta.

BALTASAR.   Padre mío,
no me atrevo a seguiros, pues mi amo
cree que estoy muy lejos y con furia
me amenazó de muerte si aguardaba
aquí para espiar sus intenciones.

FRAY LOR. Quédate, pues, aquí; voy a ir solo;
temo que haya ocurrido una desgracia.

BALTASAR.   Cuando bajo aquel tejo me he dormido
            soñé que el amo se batió con otro
            y le mató.

FRAY LOR.   ¡Romeo! ¡Ay, ay! ¿Qué sangre
            es ésta que las losas en la entrada
            del mausoleo mancha? ¿Qué suponen
            las espadas sin dueño, enrojecidas
            y en un lugar de paz yaciendo solas?
                        (*Entrando en el panteón.*)
            ¡Ah, Romeo! ¡Qué pálido! ¿Y el otro?
            ¡Oh, Paris es, todo bañado en sangre!
            ¿Qué hora ingrata es culpable de esta aciaga
            casualidad...? La dama ya se mueve.
                        (JULIETA *despierta.*)

JULIETA.   ¡Oh mi buen padre! ¿Dónde está mi esposo?
            Recuerdo bien el sitio que indicaste
            y estoy en él, según lo convenido.
            Decidme, padre, ¿dónde está Romeo?
                        (*Ruido dentro.*)

FRAY LOR.   Llega hasta aquí un rumor, señora. ¡Vámonos
            de este nido de muerte, de contagio
            y de un insano sueño! Un poder alto,
            contra quien nada somos, ha frustrado
            los planes convenidos por nosotros.
            ¡Vamos, huyamos pronto, pues tu esposo
            yace muerto, apoyado en tu regazo!
            Y murió también Paris. Ven, que quiero
            llevarte donde habitan santas monjas.
            ¡No me preguntes, que la ronda llega!
            Buena Julieta, vamos; no me atrevo
            a quedarme ya más en esta cripta.

JULIETA.   ¡Idos pues; pero yo no puedo irme!

(Sale FRAY LORENZO. *)*

¿Qué es esto? ¿Es una copa que en la mano
tiene mi amor muy prieta? ¡Y es veneno
lo que causó su prematura muerte!
¡Ingrato! ¿Has apurado todo el néctar
y no has dejado ni una sola gota
para que yo pudiera acompañarte?
Voy a besar tus labios; quizá en ellas
quedan restos aún de la ponzoña
para poder morir reconfortada.

(Le besa.)

¡Hay calor en tus labios todavía!

GUARDIA 1.º *(Dentro.)* ¡Muchacho, abre el camino!
[¿Dónde vamos?

JULIETA. ¡Qué! ¿Un rumor? ¡Pronto acabo! ¡Oh
[dulce daga!

(Arrebata la daga de ROMEO.*)*

Ésta es tu vaina. *(Se hiere.)* Entra, toma
[herrumbre
aquí y dame la muerte deseada.

(Cae sobre el cadáver de ROMEO.*)*

Llega la ronda con el PAJE *de* PARIS

PAJE. Ése es el sitio: donde está la antorcha.
GUARDIA 1.º Se ven manchas de sangre por el suelo;
buscad por todo el camposanto. Algunos
que registren y prendan al que encuentren.

(Salen algunos de la ronda.)

¡Espectáculo triste! ¡El Conde yace
muerto aquí mismo, en tanto que Julieta
sangra, caliente aún y fallecida
hace muy poco, y enterrada yace
desde dos días! Avisad al Príncipe;
llamad a Capuletos y Montescos,
y que sigan algunos con la búsqueda.

(Salen otros de la ronda.)

Vemos el sitio de estos infortunios,
mas para conocer su verdadera
causa hemos de indagar las circunstancias.

*Vuelven a entrar algunos de la ronda
con* BALTASAR

GUARDIA 2.° El escudero de Romeo es éste;
lo encontramos aquí, en el camposanto.
GUARDIA 1.° Hasta que venga el Príncipe tenedlo.

Vuelven a entrar FRAY LORENZO
y otros guardias

GUARDIA 3.ª Este fraile suspira, tiembla y llora;
le hemos quitado el azadón y el pico
al salir por aquí del cementerio.
GUARDIA 1.° Es sospechosa y rara su conducta:
así, pues, detened también al fraile.

Entra el PRÍNCIPE *con su séquito*

PRÍNCIPE.   ¿Qué desventura tan madrugadora
obliga a interrumpir nuestro descanso?

CAPULETO.   ¿Por qué será que tanta gente grita?

LADY CAP.   El pueblo en la ciudad clama «Romeo»,
             otros «Paris», «Julieta»; todos corren
             a nuestro panteón en un tumulto.

PRÍNCIPE.   ¿Qué será ese terror que se nos llega
             con tanto sobresalto a los oídos?

GUARDIA 1.° Soberano, aquí yace el conde Paris
             asesinado y con Romeo muerto,
             y Julieta, ya antes fallecida,
             está caliente aún, muerta de nuevo.

PRÍNCIPE.   ¡Buscad y registrad y así sabremos
             cómo ha ocurrido tan horrible crimen!

GUARDIA 1.° Ved al fraile y al paje de Romeo
             con varios instrumentos que llevaban
             para abrir los sepulcros de esos muertos.

CAPULETO.   ¡Cielos! ¡Esposa, mira a nuestra hija
             cómo sangra! ¡La daga ha equivocado
             su camino! ¡Mirad: está vacía
             esa vaina en el cinto del Montesco,
             y la daga en el pecho de mi hija
             está mal envainada!

LADY CAP.   ¡Desventura!
             La vista de la muerte es la campana
             que llama a mi vejez para el sepulcro.

Entran MONTESCO *y otros*

PRÍNCIPE.   Acércate, Montesco. Muy temprano
             te levantaste para ver al hijo
             que iba a ser tu heredero y que tan pronto,
             antes de que llegaras, ha caído.

MONTESCO. ¡Ay, mi señor! Murió mi esposa anoche;
         la pena del destierro de su hijo
         le ha segado el aliento. ¿Qué otras penas
         contra mi ancianidad aún conspiran?
PRÍNCIPE. ¡Mira y verás entonces!
MONTESCO. ¡Qué descortés, oh mal criado hijo!
         ¡Ir a la tumba precediendo al padre!
PRÍNCIPE. De momento guardaos los insultos,
         mientras lo que es dudoso no se aclare:
         las causas, el origen, las secuelas;
         y entonces voy a ser abanderado
         de vuestras cuitas, y, si tanto os place,
         os puedo conducir hasta la muerte.
         De momento, absteneos: la desdicha
         sea, pues, sometida a la paciencia.
         Acercadme a las gentes sospechosas.
FRAY LOR. Yo soy el principal, pero el que menos
         pudo hacer y el que más sospecha infunde,
         pues el lugar, la hora me señalan
         y cargan sobre mí el horrible crimen.
         Y estoy aquí, dispuesto a defenderme
         y a acusarme también, pero yo mismo
         soy el que se condena y se disculpa.
PRÍNCIPE. Pues dinos en seguida cuanto sepas.
FRAY LOR. Lo diré brevemente, que mi vida
         va a ser más corta que un tedioso cuento.
         Romeo, ahí difunto, era el esposo
         de Julieta, y la niña, también muerta,
         era la fiel esposa de Romeo.
         Yo los casé y el día de su oculto
         matrimonio fue el fin de Teobaldo,
         cuya muerte temprana ha sido causa

de que el recién casado hacia el destierro
marchara; por su amor, por él sufría
Julieta: no sufrió por Teobaldo.
Y vos *(A* CAPULETO), con la intención de que
                                    [el asedio
del dolor se quebrase en torno de ella
a Paris prometiéndola, queríais
obligarla a la fuerza a aquella boda.
Entonces vino a mí con faz turbada
y me rogó que dispusiera un medio
de eludir su segundo matrimonio;
si no, se mataría allí, en mi celda.
Por mi ciencia guiado, le di entonces
una droga letárgica que hizo
el efecto infalible ya esperado
y produjo su muerte en apariencia.
Pero, entre tanto, yo escribí a Romeo
que viniera esta noche infortunada
para sacarla de su falsa tumba,
pues en tal hora habría ya cesado
la virtud que encerraba aquel narcótico.
Pero fray Juan, el que llevó mi carta,
tuvo que detenerse por un trance
y me la devolvió ayer por la noche.
Entonces, solo, y en la hora justa
en que debía despertar Julieta,
vine a sacarla de la antigua cripta
de sus antepasados, y esperaba
retenerla en mi celda, y en secreto,
en tanto que a Romeo daba aviso.
Pero cuando he llegado, unos minutos
antes que despertara la doncella,

el fiel Romeo con el noble Paris
aquí yacían muertos. Despertóse,
le rogué que saliera de la tumba
y esta prueba del cielo con paciencia
soportara. Y entonces un rüido
me alejó presuroso de la cripta.
Ella, desesperada, no me quiso
seguir y con su mano se dio muerte.
Es lo que sé. No más puedo deciros.
En cuanto al casamiento, la nodriza
bien lo sabe. Si yo tuve la culpa
de que saliera mal alguna cosa,
sacrificad mi vida, ya de un viejo,
con el rigor de la sanción más dura
poco antes del día señalado.

PRÍNCIPE.   Por un santo varón siempre os tuvimos.
¿Y dónde está el criado de Romeo?
¿Qué nos puede decir en este trance?

BALTASAR.   Yo mismo llevé al amo la noticia
de que murió Julieta, y él entonces
por la posta se vino desde Mantua
y aquí llegó, a esta misma tumba.
Me encargó que una carta con presteza
entregara a su padre, y cuando entraba
en la cripta juróme darme muerte
si no me iba y le dejaba solo.

PRÍNCIPE.   Entrégame la carta; quiero verla.
¿Y el criado del Conde que a la ronda
dio la alarma? Muchacho, ¿aquí qué hacía
tu amo?

PAJE.   Vino a coronar con flores
la tumba de su dama. Y ordenóme

que allí no me acercara. Así lo hice.
Con una luz, de pronto, llega uno
a abrir el panteón, y al poco rato
mi señor con la espada le acomete,
y yo entonces corrí a buscar la ronda.

PRÍNCIPE. Las palabras del fraile están acordes
con esta carta, que refiere el curso
de sus amores y nos da noticia
de que ha muerto Julieta, y él escribe
que compró la ponzoña a un boticario
mísero y se la trajo hasta la cripta
para morir aquí junto a Julieta.
¡Ah! ¿Dónde están los grandes adversarios?
¡Capuleto! ¡Montesco! ¡Qué castigo
se ha desatado sobre vuestros odios!
¡Por medio del amor encuentra el cielo
el modo de acabar con vuestra dicha!
¡Y yo, por tolerar vuestras discordias,
perdí también a dos de mis parientes!
¡El castigo del cielo alcanzó a todos!

CAPULETO. ¡Oh mi hermano Montesco, quiero al punto
que me tiendas la mano! Sea ésta
la dote y el legado de mi hija.
No puedo pedir más.

MONTESCO.   Yo puedo darte
más de lo que tú pides; voy a alzarle
una estatua labrada en oro puro,
y así, mientras Verona tal se llame,
de tan alto valor no habrá figura
como la de la pura y fiel Julieta.

CAPULETO. Yo ofreceré a Romeo un monumento
tan rico como el tuyo. ¡Pobres víctimas,

por nuestra enemistad sacrificadas!

PRÍNCIPE.   Una sombría paz trae la aurora;
su rostro el sol esconderá por duelo.
Marchémonos de aquí; mucho hablaremos
de estos tristes sucesos todavía;
unos tendrán perdón, otros castigo.
De todas las que ha habido, es la más triste
la historia de Julieta y su Romeo.

LA CELESTINA

POR FERNANDO DE ROJAS

La Celestina es uno de los clásicos españoles más leídos y controvertidos, empezando ya por el autor de la obra, Fernando de Rojas, del que durante años se dudó que hubiera escrito la famosa tragicomedia. Esta edición crítica se basa en el texto de Manuel Criado de Val, el mejor entre los establecidos hasta hoy por los especialistas, y lleva un riguroso prólogo y unas notas del profesor Juan Alcina Franch, imprescindibles para el estudio y comprensión cabal del texto de *La Celestina*. Ilustraciones de Jaime Azpelicueta.

ENTREMESES

POR MIGUEL DE CERVANTES

Los *Entremeses* de Cervantes constituyen una de sus obras más características, leídas y valoradas por el público y la crítica de todos los tiempos. Por su gracejo y su ironía inimitables, por el realismo tan vivo de sus personajes, por su lenguaje popular, rico, desenfadado a veces, cada entremés se convierte en una pequeña obra maestra. La edición ha sido prologada y anotada por Juan Alcina Franch, catedrático de Literatura. Ilustraciones de Jaime Azpelicueta.